어린이를 위한
민주 시민 교육

어린이를 위한 민주시민교육

이 모든 게 정치야!

장석준 글·김홍모 그림

노란상상

들어가며
사람이 사람답게 잘살기 위해 꼭 알아야 할 것, '정치' · 6

1. 정치는 우리 모두의 일 · 10
2. 규칙과 약속을 만드는 정치 · 19
3. 시민, 정치하는 사람 · 28
4. 시민이 없던 시대에서 모두가 시민인 시대로 · 37
5. 정치 참여, 어렵게만 보인다? · 48
6. 정치하는 시민의 필수품, 정당 · 58
7. 모두가 승리할 수 있는 선거 · 67
8. 정치하기에 어린 나이는 없다 · 75
9. 대학 등록금에 담긴 정치 · 84

10 시험지옥도 정치로 해결! · 94

11 집 욕심도, 집 걱정도 없는 사회 · 102

12 의료는 돈벌이 수단이 아닌 시민의 권리 · 110

13 일하는 시민들의 정치적 무기, 노동조합 · 120

14 수천 년 된 성 불평등을 뒤엎는 정치 · 130

15 시민이 만들어 가는 평화로운 국제 정치 · 139

16 기후 위기 해결을 외치며 거리에 나선 청소년들 · 149

17 과학 기술 발전을 결정하는 것도 시민의 몫 · 159

18 일터에서도 우리는 시민이다! · 169

| 들어가며 |

사람이 사람답게 잘살기 위해
꼭 알아야 할 것, '정치'

우리는 학교에서 국어, 수학, 영어 같은 여러 과목을 배웁니다. 그 가운데서도 나중에 어른이 되어 좋은 삶을 살아가기 위해 가장 중요한 지식은 무엇일까요? 글을 읽고 이해하는 능력이 있어야 모든 공부가 가능하니 국어도 중요하고, 세계 여러 나라 사람들과 점점 더 활발하게 어울리니 영어도 중요합니다. 디지털 시대의 기반이 되는 수학도 중요할 테고요. 그런데 학교나 사회에서 그다지 강조하지 않지만, 저는 국·영·수보다 더 중요하다고 확신하는 지식이 있습니다. 그것은 바로 '정치'입니다.

왜 정치가 그토록 중요하냐고요? 이제껏 살았던 사람들이 좀 더 나은 삶을 만들기 위해 가장 먼저 의지한 수단이 정치였기 때문입니다. 역사를 거슬러 올라갈수록 사람들의 삶은 지금보다 훨씬 더 힘들고 고통스러웠습니다. 아주 적은 수의 사람들만 부와 권력을 누리고, 대다수는 사람대접도 제대로 못 받으면서 소수의 지배자를 먹여 살리느라 고된 삶을 살아야 했습니다. 그러나 세월이 흐르는 동안 세상은 조금씩 달라져서 오늘날 같은 민주 사회가 되었습니다. 지식이 늘어난 덕분이었을까요? 아니면 기술이 발전한 덕분이었을까요? 그보다는 점점 더 많은 이들이 자기 권리를 주장하고, 자신들의 대표를 뽑아 대신 목소리를 내게 하고, 그들의 주장이 담긴 법률과 제도를 만들었기 때문입니다. 그렇습니다. 바로 '정치'를 했기 때문입니다.

우리 할머니 할아버지들이 정치를 통해 더 나은 삶을 만들어 왔다면, 우리 역시 정치를 잘 알고 이를 제대로 이용할 줄 알아야 합니다. 우리 사회에는 더 나은 삶을 위해 반드시 바꿔야만 할 것들이 여전히 많기 때문입니다. 게다가 인간 세상은 한 번 바뀌었다고 해서 계속 그 상태로 유지되리라는 법은 없습니다. 사람들이 조금만 관심을 줄이면 금방 과거의 그릇된 모습으로 돌아가곤 합니다. 아주 오랜 역사를 지닌 민주주의 국가에서도 선거로 뽑힌 공직자가 독재 체제를 만들기도 하고, 오래전에 조상들이 피와 땀과 눈물로 이룩한 민주적인 제도가 부자와 권력자의 입맛에 맞춰 훼손되기도 합니다. 이것이 바로 우리가 무슨 일이 있어도 정치만

큼은 훤히 잘 알고 있어야 하는 이유이며, 한시라도 정치에서 눈길을 떼어선 안 될 이유입니다.

   그럼 도대체 정치란 무엇일까요? 정치는 어떻게 하는 것일까요? 좋은 정치란 어떤 것이고, 이는 어떻게 이루어질 수 있을까요? 정치를 통해 해결해야 할 우리 시대, 우리 사회의 다급한 문제들은 무엇이 있을까요? 이제부터 이 물음들의 답을 찾아봅시다.

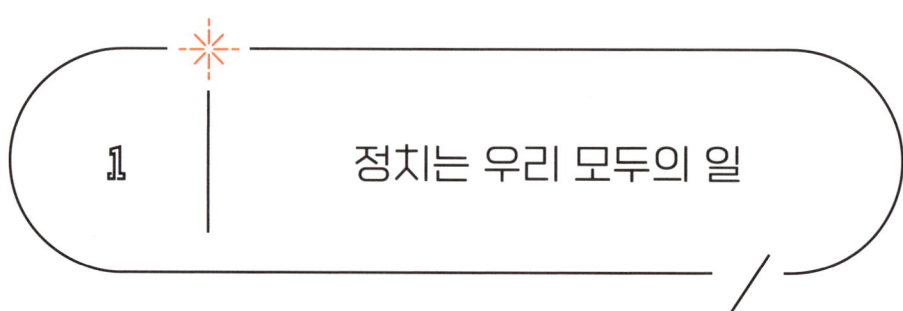

정치는 남의 일일까?

정치란 무엇일까요? 이미 잘 알고 있는 것 같으면서도 막상 답하려니 쉽지 않지요? 정치 하면 무엇이 떠오르는지 한번 생각해 봅시다. 신문이나 텔레비전 뉴스에는 정치 소식을 다루는 꼭지가 따로 있는데, 주로 맨 앞부분에 나오곤 합니다. 휴대 전화나 컴퓨터에서 포털 사이트에 들어가면, 첫 화면에 '주요 뉴스'라는 이름으로 여러 언론사에서 쓴 기사들이 주르륵 나옵니다. 이 또한 주로 정치 관련 기사들이지요. 정치 기사를 살펴보면 정치가 무엇인지 감이 잡힐 것입니다. 보통은 이런 소식들이 나옵니다.

"대통령은 청와대를 방문한 미국 국무장관에게 한반도를 둘러

싼 긴장은 평화적 방식으로 해결해야 한다고 강조했습니다. 이에 야당은 대통령의 발언이 북한 입장을 두둔하는 것이나 다름없다고 비판하는 성명을 냈습니다."

"내년도 예산안을 둘러싼 여당과 야당의 대립이 격렬해지고 있습니다. 여당은 경기를 살리려면 예산 규모가 올해보다 늘어날 수밖에 없다고 주장하지만, 야당은 경기를 살리는 일은 민간에 맡기고 예산을 줄여야 한다며 반대하고 나섰습니다. 한편 진보 정당은 복지를 확대하려면 예산이 정부안보다 오히려 더 늘어나야 한다는 입장을 내놓았습니다."

"지방 선거가 코앞으로 다가왔습니다. 곳곳에서 지방자치단체장, 지방의원 후보들이 조금이라도 더 이름을 알리려고 선거 운동에 열심인데요. 많은 시민은 후보가 너무 많아 누가 누구인지 제대로 알기 힘들다고 하소연합니다. 시민 단체는 지방 선거 관련 법률이 바뀌어야만 이런 문제를 해결할 수 있다고 입을 모읍니다."

여러분은 이 기사들을 보니 어떤 느낌이 드나요? 누군가는 무슨 말인지 알 듯 모를 듯하고 골치만 아프다고 이야기할 수도 있습니다. 어린이에게는 사이좋게 지내라고 늘 강조하면서 왜 자꾸 싸우기만 하냐고 짜증 내는 사람도 있을 것입니다. 정치 이야기라면 듣기 싫다고 손사래 치는 사람들도 있을 테고요.

위와 같은 의견 속에는 은근히 정치는 대통령이나 국회의원, 시장이나 지방의원 같은 사람들만 하는 일이라는 생각이 담겨 있습니다. 다들 우리 동네나 거리에서 쉽게 마주치는 이들과는 뭔가 크게 다른 사람처럼 느껴지지요. 텔레비전에 자주 나오는, 양복을 잘 차려입은 나이 든 아저씨나 아주머니가 떠오르면서, 정치란 흔히 '정치인'이라 불리는 사람들이나 하는 일이라는 생각이 듭니다. 그런데 정말 정치는 남의 일일까요?

동학에서 민주화 운동까지, 정치를 되찾아 온 역사

정치는 정말 정치인들끼리만 열심히 해도 충분할까요? 평범한 사람들은 가만히 지켜보다가 몇 년에 한 번씩 투표만 하면 되는 걸까요? 이 책의 내용은 어찌 보면 처음부터 끝까지 바로 이 물음에 대한 답입니다. 여러 주장과 근거를 통해 "그렇지 않다"라고 답하지요. 왜 정치가 결코 남의 일일 수 없는지, 이야기를 시작해 보겠습니다.

우선 역사 이야기부터 해 볼까요? 우리나라 근현대 역사 말입니다. 지난 150여 년 동안 우리나라에는 일제의 지배와 독립, 민주화 운동 같은 엄청난 사건들이 연달아 일어났지요. 그 가운데서도 1894년에 벌어진 동학 농민 혁명은 참으로 중요한 사건입니다. 이 책을 읽는 여러분도 한 번쯤 들어보셨겠지요? 녹두장군 전봉준을 중심으로 동학에 따르는 농민들이 소수의 양반들 위주로 돌아가는 세상을 뒤바꾸고자 혁명을 일으켰습니다. 우리나라 방방곡곡에서 수많은 민중이 이 운동에 동참했지요. 비록 안타깝게도 무능하고 부패한 정부가 일본군을 끌어들여 무력으로 진압하는 바람에 실패로 끝났지만 말입니다.

이때 우리 할아버지 할머니들이 꿈꾸고 외쳤던 게 무엇일까요? 낡은 양반 세상을 새롭게 바꾸고, 조선을 호시탐탐 노리는 외세를 몰아내자고 했습니다. 정부가 요구를 제대로 들어주지 않자 민중이 직접 나섰습니다. 전라도를 비롯해 여러 지역에서 모여든 동학 농민군이 서울로 향하면서, 양반이 아닌 민중의 손으로 조선 사회를 크게 개혁하려 했습니다. 이런 움직임 또한 '정치'입니다. 동학 농민군은 오랫동안 양반들만 하는 일이었던 정치를 스스로 하겠다고 나섰습니다. 양반 아닌 대다수 민중도 정치의 주인이 되길 바랐습니다. 이를 위해 목숨까지 내걸며 싸웠습니다.

동학 농민 혁명만이 아닙니다. 그 이후에도 조선 사회를 크게 개혁해야 한다는 민중의 목소리를 외면한 탓에 조선 왕조는 결국 일본에 나라를 빼앗기고 말았습니다. 하지만 우리 할아버지 할머니들은 임금과 양반이 나라를 내주었다고 해서 일본 지배자들에게 고분고분 복종하지 않았지요. 곧바로 독립운동에 나섰습니다. 1919년, 전 세계를 깜짝 놀라게 한 3·1 운동이 일어났습니다. 전국 각지에서 엄청나게 많은 수의 민중이 거리에 쏟아져 나와 "독립 만세"를 외쳤습니다.

'독립'을 외쳤다는 것은 결국 새 나라를 세우겠다는 뜻입니다. 일본 지배자들 아래서 조선 민중은 아무런 정치적 권리가 없었습니다. 정치는 일본 지배자들이 하고, 조선 민중은 묵묵히 이를 따라야만 했습니다. 그럼 '독립'이란 그 반대 상태로 바꾸어 스스로 정치를 하겠다는 뜻입니다. 그러니까 우리 할아버지 할머니들은 우리 스스로 '정치'를 하려고 독립운동을 한 것입니다. 목숨까지 걸면서 말입니다.

하지만 안타깝게도 일본이 물러간 뒤에도 우리 역사는 바람 잘 날이 없었습니다. 나라가 남과 북으로 두 동강 난 데다, 전쟁까지 일어났습니다. 그 뒤에도 이승만 독재 정권, 박정희 독재 정권이 이어지며 민주주의가 짓밟혔습니다. 그때마다 우리 민중은 목숨 걸고 싸웠습니다. 독재자를 몰아내고 제대로 된 민주주의를 이루려고 싸웠습니다. 흔히 '민주화 운동'이라 일컫는 기나긴 투쟁이었지요.

민주화 운동도 동학 농민 혁명이나 독립운동만큼 치열했습니다. 1960년에 일어난 4·19 혁명에 대해 들어 본 적 있지요? 이때 수많은 시민이 이승만 독재 정권의 부정 선거에 맞서다 경찰이 쏜 총탄에 맞아 희생됐습니다. 그래도 굴하지 않고 계속 시위를 벌여 마침내 이승만을 쫓아냈습니다. 1980년에는 광주에서 시민들이 군부 독재를 연장하려는 반란 군인들에 맞서 싸웠습니다. 역시 반란군의 잔인한 폭력에 많은 이들이 희생되었습니다. 그럼에도 민주화 열망을 마냥 짓누를 수는 없었습니다. 7년 뒤인 1987년에 전국에서 수백만 시민들이 들고일어나 마침내 군부 독재 정권의 항복을 받아 냈습니다. 흔히 '6월 민주 항쟁'이라고 일컫는 사건입니다.

왜 사람들은 총칼의 위협을 받으면서도 독재 정권과 싸웠을까요? 독재자와 그 끄나풀들이 저희 마음대로 정치를 했기 때문입니다. 선거 결과를 엉터리로 조작하고 아예 선거를 없애기도 하면서 오랫동안 저들 마음대로 정치를 했습니다. 해방 후에 새로 만든 헌법에는 대한민국이 민주 공화국이라고 되어 있었지만, 전혀 그렇지 않았습니다. 민중이 정치를 하려고 하면, 독재자들은 총칼로 막았습니다. 그래서 사람들이 민주화 운동에 나선 것입니다. 그러니까 '민주화'란 다름 아니라 정치를 우리 것으로 되찾는 일이었습니다. 이렇게 '정치'를 되찾으려고 오랜 세월 그토록 많은 사람이 거리에 나섰습니다.

정치는 우리 모두의 것!

이렇게 보면 동학 농민 혁명, 독립운동, 민주화 운동을 하나로 꿰뚫는 무언가가 보이지요? 바로 '보통 사람'들이 정치를 자기 것

으로 만들려고 나섰다는 점입니다. 모두 남이 움켜쥐거나 가로챈 정치를 되찾아 오기 위한 운동들이었습니다. 목숨을 바칠 만큼 정치를 소중하게 여기면서요.

여러분 생각은 어떤가요? 이래도 정치를 남의 일쯤으로 치부할 수 있을까요? 보통 사람들과 관계없는 일, 서로 싸움하기 좋아하는 정치인들이나 하는 일이라고 여겨도 좋을까요? 절대 그렇지 않습니다. 정치는 남의 것이라며 내버려 두거나 빼앗기면 안 되는 우리 삶의 중요한 부분입니다. 동학 농민 혁명과 독립운동, 민주화 운동에 나선 할아버지 할머니들은 이 진리를 분명히 알고 있었습니다. 이제 와서 우리가 이 진리를 망각해선 안 되지요!

> **생각 더하기**
>
> 텔레비전이나 포털 사이트 뉴스, 신문 등에서 정치 기사라며 보도되는 내용을 모아 봅시다. 어떤 공통점이 있나요? 그런 공통점을 바탕으로 각자가 생각하는 정치의 뜻을 이야기해 봅시다.

2 | 규칙과 약속을 만드는 정치

모험 소설 속에 그려진 정치

그럼 정치란 도대체 무엇을 하는 일일까요? 우리 할아버지 할머니들은 무엇을 위해 정치를 그토록 소중히 여기고 자기 것으로 만들려 했을까요?

이 물음에 답하기 위해 우선 잘 알려진 모험 소설 두 편을 이야기하고 싶습니다. 바로 대니얼 디포의 《로빈슨 크루소》와 쥘 베른의 《15 소년 표류기》입니다. 서로 다른 시대, 다른 나라 작가가 쓴 작품이지만 공통점도 많습니다. 둘 다 바다를 항해하다 풍랑을 만나 무인도에 표류하는 이야기지요. 처음 가 본 섬에서 온갖 고초를 겪고 모험을 벌이다 결국 구조돼 집으로 돌아온다는 이야기의 큰 틀이 서로 비슷합니다.

그런데 두 작품은 결정적인 차이가 있습니다. 《로빈슨 크루소》는 한 사람이 문명과 떨어져 살아갈 때 어떤 일을 겪게 되는지 다룹니다. 주인공 로빈슨 크루소는 홀로 살아남았기 때문에 모든 일을 스스로 해결해야 합니다. 먹을거리를 마련하고 요리하고 옷을 만들고 집 짓는 일 따위를 다 알아서 스스로 합니다. 《로빈슨 크루소》의 재미는 주인공이 생존을 위해 이런 일을 어떻게 혼자 헤치우는지 살펴보는 데 있습니다.

그러나 《15 소년 표류기》의 재미는 전혀 다른 데 있습니다. 이 이야기에서는 외딴섬에 표류한 10대 초반 소년들이 함께 살길을 열어 갑니다. 서로 힘을 모으기도 하고 아웅다웅 다투기도 합니다. 대통령을 뽑는 투표도 하고, 각자 어떤 일을 맡을지 회의를 통해 결정하기도 합니다. 마음이 안 맞는 몇몇이 무리에서 떠나 따로 지내기도 합니다. 열다섯 소년이 섬에서 벌인 이 모든 행동이 다 무슨 일인지 짐작되겠죠? 맞습니다. 바로 '정치'입니다.

왜 《로빈슨 크루소》에는 정치가 없는데 《15 소년 표류기》는 온통 정치 이야기일까요? 이유는 간단합니다. 《로빈슨 크루소》의 섬에는 사람이 한 명만 있었지만, 《15 소년 표류기》의 섬에는 열다섯 명이 있었기 때문입니다. 한 명만 있는 곳에는 정치가 있을 수 없습니다. 그러나 사람 사는 세상에 그런 곳은 없습니다. 어디든 여러 사람이 모여 삽니다. 그리고 사람은 두세 명만 모여도 정치를 할 수밖에 없습니다. 따라서 사람 사는 세상은 어디든 정치

가 있습니다. 그래서 고대 그리스 철학자 아리스토텔레스는 '인간은 정치적 동물이다'라고 말하기도 했습니다.

몇 명만 모여도 정치가 필요해

그렇다면 왜 두세 명만 모여도 정치를 할 수밖에 없을까요? 다시 《로빈슨 크루소》와 《15 소년 표류기》를 떠올려 봅시다. 처음 보는 섬에 상륙한 뒤에 열다섯 명의 소년들은 각자 무슨 역할을 맡을지 결정해야 했습니다. 그래서 회의도 하고 투표도 했습니다. 하지만 로빈슨 크루소는 그럴 필요가 없었습니다. 당장 무슨 일부터 할지 스스로 정하면 됐습니다.

만약 《15 소년 표류기》의 소년들이 로빈슨 크루소처럼 행동했다면 어떻게 됐을까요? 할 일을 나누는 대신 각자 자기가 하고 싶은 일만 했다면 어떤 결과가 나타났을까요? 만약 모두 사냥하러 가고 싶어 해서 다들 온종일 숲을 쏘다니기만 했다고 합시다. 그런데 사냥만으로는 먹을거리를 충분히 구할 수 있을지 잘 모르는 상황입니다. 따라서 누군가는 낚시하고 누군가는 먹을 만한 열매를 주워 모아야 합니다. 또 누군가는 사냥해 온 먹을거리를 요리할 수 있게 불을 피우고, 잠잘 곳도 마련해야 합니다. 그런데도 다들 자기가 하고 싶은 대로 행동했다면, 열다섯 명 모두 굶주리거나 얼어 죽고 말았을 것입니다.

  이런 일이 벌어지지 않으려면 각자 할 일을 나누어 맡아야 합니다. 다들 사냥하고 싶더라도 그 가운데 몇 명은 별로 하고 싶지 않은 다른 일을 해야 합니다. 그래야 모두가 더불어 살아갈 수 있습니다. 그럼 누가 어떤 일을 맡을지 어떻게 결정할까요? 열다섯 명의 소년은 대통령을 뽑았습니다. 대통령으로 뽑힌 소년이 각각 어떤 일을 할지 결정하고, 다른 소년들은 이에 따랐습니다. 모두가 투표해서 뽑은 대통령이므로 그의 결정을 군말 없이 따랐습니다. 대통령의 결정에 따르자는 것 자체가 열다섯 명의 소년들이 함께 정한 약속이었습니다.

  여기에서 우리는 사람 사는 세상에서 정치가 꼭 필요한 이유를 확인할 수 있습니다. 여러 사람이 더불어 살려면 수많은 결정을 내려야 합니다. 《로빈슨 크루소》의 주인공처럼 혼자 결정하는 게 아니라 함께 결정해야 합니다. 매번 다 함께 결정하는 것이 번거로울 때는, 《15 소년 표류기》의 등장인물들처럼 결정을 도맡을 사람을 뽑습니다. 이렇게 결정할 사람을 따로 두는 것 자체도 결국은 사람들이 함께 토의하고 뜻을 모아 내린 결정입니다.

그런데 모든 일마다 새롭게 토론해서 결정하기는 너무 번거롭습니다. 예전과 비슷한 일이 생기면 그때 내린 결정을 잣대 삼아 판단하면 됩니다. 굳이 새로 토론하거나 뜻을 모을 필요 없이, 이제껏 쌓이고 쌓인 결정들에 비추어 처리하는 거지요. 이런 결정들을 정리한 것이 규칙입니다. 사회가 발전할수록 사람들은 미리 여러 규칙을 정해 놓고 이에 따라 사회를 운영합니다. 이 규칙이 바로 '법률'입니다. 《15 소년 표류기》의 주인공들도 외딴 섬에 더 오래 머물렀다면, 그간 내린 결정들을 여러 규칙으로 깔끔하게 정리하여 법률집을 만들었을지도 모릅니다.

인간 세상에서 규칙을 만드는 것만큼 중요한 일도 없을 것입니다. 《15 소년 표류기》에서 누가 어떤 일을 하며 어떻게 음식이나 의복 따위를 나눌지 모두가 토론해서 결정하는 것처럼, 모든 사회에는 이런 일을 정하는 규칙이 있습니다. 다른 사람들 대신 결정을 내리라고 뽑힌 사람들, 그러니까 대통령이나 국회의원도 다 규칙에 따라야 합니다. 대통령이나 국회의원이라고 제멋대로 결정을 내릴 수는 없습니다. 심지어는 옛날에 엄청난 권력을 지녔던 왕들도 실은 뭐든지 제멋대로 결정할 수는 없었습니다. 왕조차 법률이 하라는 것, 하지 말라는 것을 존중해야 했습니다. 규칙을 거

스르다가 쫓겨난 왕도 여럿 있지요. 왕들도 그랬으니 민주주의 사회의 대통령이나 국회의원은 더 말할 필요도 없습니다.

법률이란 게 이토록 중요합니다. 정부가 세금을 얼마나 걷어서 어떻게 쓸지 정하는 예산안도 넓게 보아 법률의 일종입니다. 이런 법률을 토론하고 결정하고 다시 바꾸는 일이 바로 '정치'라는 이름으로 사람들이 하는 일입니다. 말하자면 정치란 사람들이 더불어 살아가며 맞닥뜨리는 모든 문제에 관해 결정을 내리는 일입니다. 그러니 이러한 정치를 남이 알아서 할 일로 생각하고 멀리 밀어 두면 안 되지요.

정치는 우리 삶에 중요한 약속을 만드는 일

그래도 사람들은 대부분 여전히 정치에 대해 골치 아프다고 생각합니다. 중요한 줄은 알겠지만 나라 전체의 법률과 예산을 정하는 일까지 어떻게 다 알고 신경 쓰냐고 말하는 사람들도 많을 것입니다. 내 일도 복잡한데 무슨 나랏일까지 고민하느냐며 손사래를 치는 이들도 있을 테고요.

하지만 '내 일'과 '나랏일'은 결코 둘로 나뉘지 않습니다. 법률이나 예산은 어렵다는 사람도 버스와 지하철 이용료나 전기, 수도 요금이 얼마인지는 관심을 가지기 마련입니다. 우리가 살아가는 데 꼭 필요한 것들 가운데 법률과 관련 없는 것은 하나도 없습니다. 누구든 일하고 받는 돈은 항상 '최저 임금'보다는 많아야 하는데, 이것도 바로 법률로 정한 약속입니다. 최저 임금이 얼마인지도 해마다 법률이 정한 절차에 따라 결정됩니다. 또한 돈을 벌면 늘 일부를 국가에 세금으로 내야 하는데, 누가 얼마를 세금으로 내야 하는지도 법률로 정합니다. 내 삶 어느 곳 하나 정치와 관계없는 곳이 없습니다. 다시 한번 강조하면, 정치야말로 그 무엇보다 '내 일'입니다. 내가 관심 가질 가장 중요한 일들 가운데 하나입니다.

> **생각 더하기**
>
> 《15 소년 표류기》처럼 친구들과 무인도에 표류했다고 상상해 봅시다. 친구들과 가장 먼저 해야 할 일은 무엇일까요? 먹을거리가 떨어지거나 해적이 쳐들어온다면 어떻게 해야 할까요? 만약 친구들 사이에 의견이 엇갈린다면 어떻게 조율해야 할까요?

3. 시민, 정치하는 사람

정치는 직업 정치가만 한다?

인간 세상에는 아주 다양한 일이 있습니다. 그리고 그 일을 하는 사람을 가리키는 특별한 이름도 있습니다. 학교에서 학생을 가르치는 사람은 '교사'라 하고, 병원에서 환자를 치료하는 사람은 '의사'라 하지요. 의사와 더불어 환자를 돌보는 사람은 '간호사'라고 합니다. 그림을 멋있게 그리는 이는 '화가'라 하고, 작곡이나 연주를 하는 이는 '음악가'라 합니다.

그럼 정치를 하는 사람은 뭐라고 할까요? 아마 '정치가'라는 답이 떠오를 것입니다. 네, 틀린 답은 아닙니다. 흔히 '정치인'이라고도 하지요. 정치가라고 하면 우선 대통령이나 국회의원, 시·도나

구·군 의회의 의원들, 도지사·시장·구청장·군수 같은 지방자치단체장들이 떠오릅니다. 그런데 선거에서 당선돼 공직을 맡은 사람들만 정치가는 아닙니다. 이런 공직을 맡으려고 선거에 후보로 출마하는 사람들 모두가 정치가입니다. 그 가운데에는 정치 활동이 직업이라 아예 이 일만 하며 생활하는 사람도 많습니다. 이들을 흔히 직업 정치가라고 하지요.

하지만 앞서 말했듯이 정치는 정치가들끼리만 하는 일이 아닙니다. 특히 민주주의 사회에서는 선거에 후보로 나가는 사람들만 정치를 하는 게 아니지요. 투표를 통해 여러 후보 가운데 누가 공직을 맡을지 결정하는 사람들도 정치를 하는 것입니다. 또 국회나 지방의회의 의원이 되어 법률이나 예산을 정하는 이들만 정치를 하는 게 아닙니다. 어떤 방향에서, 어떤 내용으로 법률이나 예산을 정하라고 의견을 내는 이들도 정치를 하는 것이고, 어떤 법률이나 예산이 마음에 들지 않아 반대 목소리를 내는 이들도 정치를 하는 것입니다.

그렇다면 실은 모든 사람이 다 정치가라 해도 틀린 말이 아닙니다. 하지만 이렇게 되면 '정치가'라는 말이 너무 여러 의미로 쓰이게 되겠지요. 정치를 직업으로 삼는 사람과 정치에 관심을 두고 참여하지만 다른 직업이 있는 사람들은 분명히 서로 구별됩니다. 그럼 정치를 직업으로 삼는 이들만 '정치가'라고 따로 분류한다면, 직업과 상관없이 정치에 참여하는 대다수 사람은 뭐라고 일컬어야 할까요?

정치에 참여하는 모든 사람, 시민

답은 '시민'입니다. 뜻밖이라고요? 어딘가 좀 이상하다고요? 그렇게 느낄 만도 합니다. '시민'이란 말을 들으면 가장 먼저 '시'라는 행정 구역에 사는 사람이라는 뜻이 떠오릅니다. 서울특별시나 여러 광역시에 사는 사람들, 또 그보다 작은 여러 도시에 사는 사람들 말입니다. 그런데 시가 아니라 '군'이라는 행정 구역에 사는 사람들도 꽤 많이 있습니다. 대개 도시가 아니라 농어촌 지역입니다. 이곳에 사는 사람들은 '나는 시민이 아닌데.' 하고 생각할 수 있습니다. '군민'이라고 하거나 각 군이 속한 도의 이름을 따 '도민'이라고 하는 경우가 많으니까요.

그런데 '시민'에는 시에 사는 사람이라는 뜻만 있는 게 아닙니다. 민주 사회의 시민이란 사회의 구성원으로서 스스로 공공의 정책 결정에 참여하는 사람들을 일컫습니다. 달리 말하면 정치를 하

는 모든 사람, 정치를 내 일로 생각하고 행동하는 모든 사람이 시민입니다. 시에 살든, 군에 살든 상관없이 다 시민입니다. 시민에게는 정치에 참여할 권리가 있으므로, 선거가 있을 때마다 투표하거나 후보로 나올 수도 있습니다. 이런 권리를 흔히 '참정권'이라 하지요.

모든 시민이 다 직업 정치가는 아닙니다. 하지만 정치가는 다름 아니라 시민 가운데서 나옵니다. 시민들 중에 다른 시민보다 더 많은 시간을 들여 정치에 참여하려 하는 사람이 정치가입니다. 한데 이런 정치가의 운명을 좌우하는 것은 결국 시민들입니다. 시민 중 많은 수가 지지하느냐 지지하지 않느냐에 따라 정치가는 공직을 맡아 권한을 행사할 수도 있고, 그러지 못할 수도 있습니다.

여러분은 '민주 시민'이라는 말을 들어 본 적 있나요? '애국 시민'이라는 말은요? 역사책에는 '시민 혁명'이라는 말도 자주 나옵니다. 또 '시민 사회'니 '시민운동'이니 하는 말도 있지요. 이때의 '시민'은 시에 사는지, 군에 사는지와는 아무 관계 없습니다. 군에 속한 어느 농촌 마을에서 정치가가 사람들을 모아 놓고 연설할 때, "민주 시민 여러분"이라거나 "애국 시민 여러분"이라고 말해도 별로 어색하지 않습니다. 어느 도청 앞에서 시위하더라도 "시민의 힘을 보여 줍시다!"라고 외치는 광경을 흔하게 볼 수 있습니다.

이때 말하는 시민이 바로 참정권을 지닌 보통 사람들을 일컫는 표현입니다. 그러니 우리나라에서도 이런 의미로 '시민'이라는 말을 쓰는 게 절대 낯설지 않지요. 민주 사회에서는 모든 구성원에게 참정권이 있으니, 모두가 다 시민입니다. 여러분의 부모님도, 일정 나이가 되어 참정권을 갖게 될 여러분도요.

시민이 정치의 주인공이 된 역사

그러면 왜 하필 '시민'이 정치에 참여하는 보통 사람들을 가리키는 말이 됐을까요? 바로 민주주의의 역사 때문입니다. 인류 역사에서 민주주의가 최초로 등장한 곳은 고대 그리스의 도시 국가 중 하나인 아테네입니다. 지금은 아테네가 그리스의 수도지만, 예전에는 한 나라였습니다. 먼 옛날에 그리스는 여러 도시 국가들로 나뉘어 있었거든요. 그런 도시 국가들 가운데서도 오늘날까지 가장 인상 깊은 자취를 남긴 나라가 바로 아테네입니다.

아테네에서는 기원전 6세기 무렵에 민주주의가 자리 잡았습니다. 그 전까지는 아테네에서도 국왕과 몇몇 귀족이 정치를 도맡았습니다. 그러나 평민들이 왕과 귀족을 몰아내는 혁명을 일으켰습니다. 다른 도시 국가에서도 이런 일은 가끔 있었습니다. 그런데 아테네 말고 다른 곳에서는 나쁜 왕을 몰아내고 나서 다시 새 왕을 세우곤 했습니다. 이게 당시 인류의 상식에 맞는 행동이었습니다. 그러나 아테네 사람들은 전혀 새로운 길을 가 보기로 마음먹었습니다. 그때까지 세상 어디에도 없던 질서를 만들자고 뜻을 모았습니다.

　아테네 사람들은 아테네 시민으로 인정받은 사람이면 누구나 정치의 주인공이 될 수 있게 법률로 정했습니다. 이 무렵 아테네에 살던 사람은 30만 명 정도였고, 그중에서 3만 명 정도가 시민

으로 인정받았습니다. 전체 구성원은 아니지만, 그 전에 아테네를 다스리던 왕과 귀족에 비하면 아주 많은 수였습니다.

  이때부터 아테네에서는 나라에 중대한 문제가 생기면 시민들이 광장에 모여 토론하고 투표해서 결정했습니다. 나라를 다스릴 공직자도 시민들이 투표해서, 시민들 가운데 가장 능력이 있다고 판단되거나 인기 있는 사람을 뽑았습니다. 요즘 민주주의와 비슷하지요? 어떤 부분은 현대 민주주의보다 더 앞선 듯이 보이기도 합니다. 수많은 사람이 직접 모여 국가의 주요 문제를 결정하는 모습이 그렇습니다. 오늘날은 시민들 수가 워낙 많아서, 이렇게 한자리에 모두 모여 깊이 있게 토론한 뒤 결정을 내리기가 어렵습니다. 그래서 투표를 통해 대신 결정해 줄 사람을 뽑는 거지요.

안타깝게도 아테네 민주주의는 오래가지 못했습니다. 욕심 많은 국왕과 강한 군대를 지닌 옆 나라들이 아테네를 가만두지 않았기 때문입니다. 그래서 인류 역사상 최초의 민주주의 국가였던 아테네 도시 국가는 더 큰 왕국이나 제국의 일부가 되면서 역사에서 사라지고 말았습니다.

그러나 끝내 사라지지 않은 것도 있습니다. 그중 하나가 바로 '시민'이라는 말입니다. 아테네에서 참정권을 지닌 평민들을 '시민'이라 불렀기 때문에, 2천 년 뒤에 다시 등장한 민주주의 국가들에서도 정치에 참여하는 보통 사람들을 '시민'이라 부르게 됐습니다. 그렇게 해서 '시민'은 정치하는 사람들을 일컫는 전 세계 공통어가 되었습니다.

> **생각 더하기**
>
> 국어사전이나 백과사전 등에서 '시민'이란 말에는 어떤 뜻이 담겨 있는지 찾아봅시다. 또 '시민운동'처럼 정치적인 권리를 가진 사람이라는 뜻을 지닌 '시민'이라는 말은 어느 경우에 쓰는지 더 찾아봅시다.

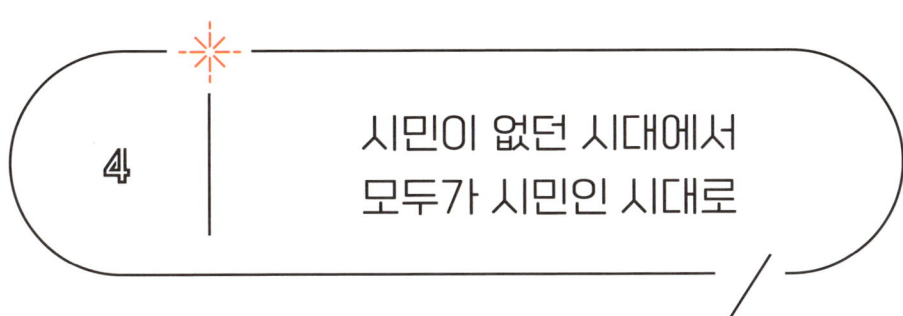

고대 아테네에서도 시민으로 인정받은 사람은 소수

오늘날에는 거의 모든 나라에서 한 나라의 국민이면 누구나 시민이 됩니다. 모두가 다 정치를 할 자격이 있습니다. 예를 들어 우리나라에서는 만 18살이 되면 누구나 투표를 할 수 있습니다. 물론 아직 만 18살이 되지 않은 어린이·청소년도 모두 한 명의 시민입니다. 단지 투표권이 만 18살에 생길 뿐입니다. 앞으로는 투표권이 생기는 나이가 만 16살이나 그 아래로 더 낮아질지도 모릅니다.

그런데 처음부터 모든 이에게 투표권이 있었던 것은 아닙니다. 사실 세계 여러 나라가 이렇게 된 지는 그리 오래되지 않았습니다. 예전에는 모든 국민이 다 시민이 아니라, 얼마 안 되는 소수의 사람만이 시민으로 인정받았습니다. 나머지 다수는 참정권이 아예 없었지요.

옛날 아테네만 해도 그랬습니다. 세계 최초의 민주주의 국가였다고는 하지만, 지금의 민주주의와는 아주 달랐습니다. 앞서 아테네 주민 30만여 명 가운데 3만 명쯤만 시민이었다고 했는데요. 시민으로 인정받은 3만 명은 어떤 사람들이었을까요? 바로 남성 어른들이었습니다. 다수가 함께 나랏일을 결정하는 혁신적인 민주주의 제도를 만들었지만, 안타깝게도 여성은 시민에 포함되지 않았지요. 여성이 시민으로 인정받고 참정권을 갖게 된 것은 불과 100여 년밖에 되지 않았습니다.

그뿐 아니라 나이가 어린 남자도, 여러 대에 걸쳐 아테네에 머물러 온 외국인도 시민이 될 수 없었습니다. 게다가 또 하나의 중요한 기준이 있었습니다. 당시에는 노예들이 있었지요. 전쟁 때 포로로 잡혀 오거나 다른 나라에서 물건처럼 팔려 온 사람들입니다. 아테네에서도 몸을 써서 하는 힘든 일들은 다 노예들이 떠맡았습니다. 노예들이 없으면 아테네라는 도시 국가가 하루도 버틸 수 없을 정도였습니다. 그런데도 노예는 결코 시민이 될 수 없었습니다. 정치에 참여할 수 없었습니다. 아테네 사람 30만여 명 가

운데 여성과 어린 남성, 외국인과 노예를 제외하니 3만 명 정도만 남게 된 것입니다.

 이 시대 아테네 사람들의 생각에 정치란 능력 있는 소수만 할 수 있는 일이었습니다. 그리고 아테네 사람들은 어른 남성만 정치에 참여할 능력이 있다고 믿었습니다. 오늘날 눈으로 보면 참 이해가 안 가지요. 그런데 불과 100여 년 전만 해도 이런 생각이 상식이었습니다. 20세기에 들어와서야 이런 낡은 상식이 완전히 무너지게 됐습니다.

지금 기준으로는 부당해 보이는 아테네의 제도도 인류의 역사 전체에서 보면 매우 앞선 사례입니다. 아테네 민주주의가 무너지고 나서 거의 2천여 년 동안, 온 세상은 훨씬 더 낡은 질서 속에서 살았습니다. 이 시기에는 시민이 소수인 정도가 아니라, 모두 다 시민이라는 생각 자체가 사람들 기억 속에서 사라져 버렸습니다. 평민도 정치를 할 수 있다는 것은 꿈도 꿀 수 없는 일이 됐습니다. 그럼 2천 년에 가까운 그 오랜 세월 동안 누가 정치를 도맡아 했을까요? 아테네 시민보다 훨씬 더 소수인 황제, 국왕, 귀족, 양반 같은 사람들이었습니다.

양반과 귀족의 시대에서 시민의 시대로

민주주의가 다시 등장하기 전까지는 대개 한 사람의 황제나 국왕이 나라를 다스렸습니다. 동양이든 서양이든 왕은 아무나 할 수 없다고 생각했지요. 하늘 혹은 신이 정해 준 사람, 그리고 그 자손들만 대를 이어 왕이 될 수 있다고 믿었습니다. 왕을 도와 나랏일을 결정하는 사람도 극히 소수였습니다. 정치를 하려면 평민이 절대 가질 수 없는 특별한 능력을 지녀야 한다고 믿었습니다. 그리고 이 능력은 조상에게 물려받는 것이라고 믿었습니다.

무엇이 그런 능력인지에 대해서는 나라마다 생각이 조금씩 달랐습니다. 중국이나 우리나라에서는 오랫동안 유학과 한문을 잘 아는 것이 그런 능력이라고 생각했습니다. 그래서 과거 시험에 합격한 사람과 그 자손들이 주로 정치를 했습니다. 이 사람들을 흔히 '양반'이라고 했지요. 그런가 하면 유럽에서는 전쟁에 나가 싸움을 잘하는 것이 나랏일에 가장 필요한 능력이라 생각했습니다. 그래서 용맹한 무사와 그 자손들이 정치를 도맡았습니다. 바로 '귀족'이라 불린 사람들이지요.

양반이나 귀족 말고는 아무도 정치에 끼어들 수 없었습니다. 농사짓거나 가축을 돌보는 사람, 집안일을 하거나 물건을 만들고 시장에 내다 파는 사람 등 수많은 사람이 다 정치 바깥에 있었습니다. 이 사람들의 삶을 결정하는 법률, 심지어는 목숨까지 좌우할 수 있는 법률을 만드는 데도 정작 그들 자신은 목소리를 내기 힘들었습니다. 유일하게 목소리를 낼 방법은 반란을 일으키는 것뿐이었습니다. 물론 반란은 백에 아흔아홉은 실패로 끝났고, 반란에 참여한 사람들은 목숨을 잃었습니다. 하지만 평민들에게는 정치에 참여할 길이 이것밖에 없었습니다.

그러다 점차 사정이 바뀌기 시작했습니다. 평민 중에 양반, 귀족만큼이나 힘이 센 사람들이 생겨났습니다. 주로 장사로 돈을 많이 번 사람들이었지요. 유럽에서는 중세가 끝나 갈 무렵부터 먼 바다를 건너 아시아, 아메리카 등과 교류하며 떼돈을 번 사람들이 등장했습니다. 이렇게 성공한 상인들이 오랫동안 잊고 있던 고대 아테네의 옛말을 되살려 냈습니다. 자신들을 '시민'이라 부르기 시작한 것입니다. 이들은 이제 국왕과 귀족만이 아니라 자기네 같은 시민들도 정치에 참여해야 한다고 외쳤습니다.

한동안 국왕, 귀족과 돈 많은 시민들 사이에 힘겨루기가 계속됐습니다. 그러다 18세기 말부터 낡은 세상이 뒤집히는 일들이 벌어졌습니다. 부자 상인들만이 아니라 농사를 짓거나 물건을 만드는 여러 평민들도 거리에 쏟아져 나왔습니다. 이들은 부자 상인들과 손잡고, 모든 평민이 다 시민이 되어 정치에 참여하는 세상을 만들려 했습니다. 과거의 반란들과는 달리 이번에는 평민들이 승리를 쟁취하기 시작했습니다. 세계 곳곳에서 민주주의 혁명의 시대가 열린 것입니다.

노동자도, 여성도 이제 모두 시민

그렇다고 한꺼번에 모든 사람이 다 시민으로 인정받은 것은 아닙니다. 국왕, 귀족만 정치하던 시대를 끝낸 부자 상인들은 처음에는 자기들만 시민이 되려 했습니다. 거리에서 왕과 귀족에 맞서 함께 싸운 다른 평민들은 빼고 말입니다. 일단 가난한 사람들은 시민이 되지 못했습니다. 여성들도 다 빠졌습니다. 모두 남성이었던 부자 상인들은 여성이 정치에 참여할 능력이 없다고 주장했습니다. 또 통째로 빠진 사람들이 있습니다. 모두 유럽인이었던 부자 상인들은 백인이 아닌 사람들, 그러니까 아프리카인이나 아시아인은 정치에 참여해선 안 된다고 믿었습니다. 그래서 '돈 많은' '백인' '남자'만 시민에 포함된다고 정했습니다. 고대 아테네 남자들과 똑같지 않나요?

그래서 민주주의 혁명은 한 번으로 끝날 수 없었습니다. 돈 많은 백인 남자들이 시민이 되어 참정권을 갖게 된 뒤로, 또다시 참정권을 얻지 못한 수많은 사람이 싸움을 시작했습니다. "우리도 시민이다!"라고 외치며 참정권을 내놓으라고 부르짖었습니다.

우선 돈 많은 사람들이 운영하는 공장에서 일하는 가난한 노동자들이 나섰습니다. 정치에 참여할 능력이 없다고 무시당한 여성

들도 거리에 나왔습니다. 백인들에게 제대로 사람대접을 받지 못하고 인종 차별을 당한 이들도 투쟁했습니다. 2백여 년 가까이 대를 이어 가며 치열하게 싸웠습니다. 그래서 이제는 대부분의 나라에서 이 모든 사람이 다 시민으로 인정받고 있습니다. 정치에 참여할 권리를 갖고 있습니다. 힘들고 고통스러웠던 기나긴 투쟁의 결실입니다.

이렇게 우리 모두가 참정권을 가진 시민이라는 것은 옛날부터 당연하게 주어진 자격이 아닙니다. 우리 앞의 수많은 할머니 할아버지가 이 '시민'이라는 자격을 얻으려고 얼마나 치열하게 싸웠는지 알고 나면 누구나 어깨가 무거워질 것입니다. 그러니 시민이 하는 일, 즉 정치를 가볍게 여겨서는 안 됩니다. 투표가 뭐가 중요하냐며 하찮게 여겨선 안 됩니다. 정치는 머리 아프다며 멀리해도 안 됩니다. 이것은 피로 싸워 얻은 소중한 결실을 남에게 공짜로 줘 버리는 어리석은 짓이니까요.

혹시 우리나라 이름 '대한민국'에 무슨 뜻이 담겨 있는지 아시나요? 앞의 '대한'은 오랜 옛날부터 한반도를 가리키던 이름에서 나왔고, 뒤의 '민국'은 다름 아니라 '시민의 나라'라는 뜻입니다. 왕의 나라도 아니고 양반의 나라도 아니며 일부 돈 많은 이들만의 나라도 아닌, 모든 시민의 나라라는 뜻이지요. 뜻을 다시 새겨 보니 정말 대단하고 멋있지 않나요? 여러분은 대한민국의 주인, 대한민국 시민입니다.

생각 더하기

옛날이야기나 역사 속에 나타나는 정치와 오늘날 민주 사회의 정치를 비교해 봅시다. 왕과 신하들이 하는 정치와 시민이 뽑은 대표들이 하는 정치는 어떤 점이 다를까요? 예를 들어 나라 전체에 가뭄이나 홍수, 전염병 같은 커다란 재난이 닥쳤을 때, 옛날과 오늘날의 정치가 어떻게 다르게 이루어질지 생각해 봅시다.

5 | 정치 참여, 어렵게만 보인다?

'2천만 국민이 모두 황제'

1910년, 대한제국은 왕의 나라 조선을 황제의 나라로 바꾼 지 10여 년 만에 망했습니다. 일본 침략자들이 총칼로 위협한 탓이었지만, 어쨌든 마지막 황제 순종이 나라를 일본에 넘긴다는 한일병합 조약에 서명했습니다. 그러나 뜻있는 한국인들은 이 조약이 무효라고 외쳤습니다. 이미 많은 사람이 대한제국을 황제의 나라가 아닌 시민의 나라로 바꿔야 한다고 생각하고 있었습니다. 비록 황제는 나라를 일본에 넘겼어도, 나라의 진짜 주인인 시민들은 결코 나라를 포기하지 않았던 것입니다.

9년 뒤인 1919년에 수많은 이가 거리에 쏟아져 나와 "대한 독립 만세!"를 외치며 이런 주장을 전 세계에 널리 알렸습니다. 여러분도 잘 아는 3·1 운동입니다. 이 운동이 시작되고 나서 불과 한 달 뒤인 4월 11일, 중국 상하이에서 대한민국 임시 정부가 수립됐습니다. 일본 침략자들에게 빼앗긴 나라를 되찾기 위해 망명 정부를 꾸린 것입니다.

그런데 이들은 나라를 예전 모습 그대로 다시 세우려 하지 않았습니다. 새 나라를 세우겠다는 목표를 정했습니다. 그래서 임시 정부의 이름도 대한'제국'이 아니라 대한'민국'이었습니다. 임시 정부에서 만든 우리나라의 첫 헌법 〈대한민국 임시 헌장〉에도 뚜렷이 밝혔습니다. "대한민국 사람은 남자와 여자, 귀족과 천민, 부자와 가난한 자의 구별 없이 모두 평등하다." 이렇게 대한민국 사람은 누구나 평등한 시민이라고 선언했습니다.

임시 정부를 세운 뒤 처음 새해를 맞이한 1920년 1월, 임시 정부 지도자 중 한 사람이었던 안창호 선생은 이렇게 연설했습니다. "오늘날 우리나라에 황제가 없습니까? 아니, 있습니다. 우리나라의 과거에는 황제가 하나밖에 없었지만, 오늘날은 2천만 국민이 모두 황제입니다. 여러분이 앉은 자리는 다 옥좌이며, 머리에 쓴 것은 다 왕관입니다. 황제란 무엇입니까? 주권자를 말합니다. 과거의 주권자는 하나뿐이었으나 지금은 여러분이 다 주권자입니다."

지금 우리가 살고 있는 대한민국은 바로 이러한 정신에 바탕을 두고 세운 나라입니다. 그리고 앞으로도 이 정신을 대대손손 이어 갈 나라입니다. 그러니 안창호 선생의 말대로 이 책을 읽는 여러분 모두가 다 황제입니다. 대한민국의 주권자, 즉 주인입니다. 예전에 황제가 하던 일이 정치였던 것처럼, 나라의 새 주인인 여러분도 정치를 해야만 합니다.

간단하고 평화로운 혁명, 선거

그런데 막상 우리 모두가 왕이나 황제처럼 정치를 한다고 생각하니 머릿속이 아득하기도 합니다. 옛날 왕들은 옥좌에 앉아 수많은 신하에게 명령을 내려 나라를 다스렸지요. 왕이 꼭 법률을 다 알아야 할 필요는 없었습니다. 법률을 잘 아는 신하들의 설명을 듣고 최종 결정을 내리기만 하면 됐지요. 그러나 현대의 시민 옆에는 그런 신하들이 없습니다. 그렇다면 옛날 왕들도 혼자 하기 힘들었던 정치를, 먹고살기 바쁜 시민들이 어떻게 각자 알아서 해야 할까요? 정치, 이거 너무 어려운 일 아닐까요?

아닙니다. 시민들이 정치에 참여하는 아주 간단한 방법이 있습니다. 바로 선거입니다. 우리나라 같은 민주 공화국에서는 나랏일을 맡는 주요 공직자들을 선거로 뽑습니다. 나라를 대표하는 대통령뿐만 아니라 도지사, 시장, 구청장, 군수 같은 지방자치단체장 역시 선거로 뽑습니다. 국회의원과 지방의회 의원들도 선거로 선출합니다. 공직을 맡고 싶은 사람은 선거에 후보로 나가면 됩니다. 그러면 투표권을 지닌 시민들, 즉 유권자가 자신이 지지하는 후보에게 표를 던집니다. 나라마다 선거 제도가 조금씩 다르긴 하지만, 어쨌든 많은 수의 시민에게 지지를 받은 후보가 공직을 맡아 임기 동안 나랏일을 맡게 됩니다.

 이게 뭐 대단한 방법이냐 싶을지도 모릅니다. 수만 명에서 수백만 명, 심지어 대통령 선거는 수천만 명이 투표하는데, 거기에 표 하나 더하고 빼는 게 얼마나 중요하겠냐 싶을 수도 있습니다. 그러나 한번 생각해 보세요. 선거가 없는 세상이라면 어떨지 말입니다. 불과 100여 년 전만 해도 지금처럼 선거를 해서 대표자를 뽑는 나라가 별로 없었습니다. 왕이나 다른 권력자가 아무리 나쁜 짓을 하고 사람들의 뜻을 거스르는 정치를 펼쳐도, 묵묵히 받아들일 수밖에 없었습니다. 그러다 더는 참을 수 없으면 무기를 들고 거리에 나가 싸웠지요. 그래서 실패하면 '반란'이 되고 성공하면 '혁명'이 됐습니다.

쉽지는 않았지만 어쨌든 혁명이 성공하면, 나쁜 왕이나 권력자를 자리에서 쫓아내거나 아예 세상에서 사라지게 할 수도 있었습니다. 하지만 그러려면 수많은 사람이 목숨을 걸고 싸워야 했습니다. 우리나라의 동학 농민 혁명에서도, 미국 독립 혁명이나 프랑스 대혁명에서도, 많은 이들이 자유를 위해 피 흘리며 쓰러져야 했습니다.

이에 비해 선거는 피를 흘리지 않고도 시민의 뜻에 따라 공직자를 바꿀 수 있게 만들어 놓은 제도입니다. 몇 년에 한 번씩 평화로운 방식으로 혁명을 하는 것이나 마찬가지입니다. 물론 계속해서 시민들의 지지를 받는다면, 선거를 여러 번 해도 줄곧 공직을 맡을 수 있겠지요. 하지만 그렇지 못하다면 다음 선거에서 시민들의 심판을 받아 물러나야 합니다. 선거 제도를 통해 아주 평화롭게 혁명이 이뤄지는 셈입니다.

그러니 선거가 얼마나 중요한 제도인지 잘 알겠지요? 그래서 독재자들은 하나같이 민주 공화국의 여러 제도 가운데 선거 제도부터 없애거나 망가뜨리곤 했습니다. 우리나라에서도 독재자들은 선거를 싫어했습니다. 선거를 하면서도 온갖 반칙을 저질러서 억지로 이기려 했고, 그마저 통하지 않으면 선거를 아예 없애 버리고는 계속 권력자의 자리에 앉아 있으려 했습니다. 그만큼 선거가 무서웠던 것입니다.

간혹 대통령이나 지방자치단체장을 과거의 왕이나 사또처럼 '나보다 높은 사람'으로 여기는 이들이 있습니다. 똑같은 왕인데 단지 요즘은 왕을 선거로 바꿀 뿐이라고 생각하는 것입니다. 하지만 이것은 잘못된 생각입니다. 안창호 선생이 했던 말을 다시 떠올려 봅시다. 이 나라에 왕이나 황제가 있다면 그것은 바로 시민 자신입니다. 시민이 새로운 왕이고, 선거로 뽑히는 공직자는 오히려 시민들의 신하입니다. 주권자인 시민들이 시민 대신 나랏일을 볼 신하들을 선거로 뽑는 것이지요. 그래서 왕이 신하를 바꾸듯 시민들도 선거로 공직자를 바꾸는 것입니다. 이런 생각을 절대 잊어서는 안 됩니다.

정치에 참여하는 또 다른 방식, 참여 민주주의

그렇다고 시민들이 정치에 참여하는 방법이 선거밖에 없다

는 이야기는 아닙니다. 사실 선거는 한계도 많습니다. 가장 커다란 한계는 선거가 몇 년에 한 번씩밖에 없다는 점입니다. 예를 들면 대한민국에서 대통령 선거는 5년마다 합니다. 국회의원 선거와 지방자치단체장, 지방의원 선거는 4년에 한 번씩 합니다. 한번 선거를 해서 사람을 뽑으면, 다음 선거까지 4~5년은 기다려야 합니다. 그런데 만약에 대통령이나 국회의원에 당선된 인물이 유권자에게 한 약속을 다 어기고 법률에 어긋나는 나쁜 짓만 계속하면 어떻게 해야 할까요? 그래도 다음 선거가 돌아올 때까지 기다려야만 할까요?

대한민국은 이런 일을 이미 경험한 적이 있습니다. 2012년 말에 선거에서 뽑힌 박근혜 대통령은 나랏일은 제대로 돌보지 않고 온갖 부정만 저질렀습니다. 2016년 가을에 이 사실이 뉴스를 통해 온 나라에 알려졌습니다. 이때 시민들은 2017년 말에 있을 다음 대통령 선거까지 가만히 기다리지 않았습니다. 다들 촛불을 들고 거리에 나와 "대통령은 물러나라!" 하고 외쳤습니다. 지금 우리가 '촛불 항쟁'이라 부르며 기억하는 사건이지요.

그러자 국회가 대다수 시민의 뜻을 받아들여 박근혜 대통령을 탄핵했습니다. 탄핵은 대한민국 헌법에 정해져 있는 절차입니다.

선거로 뽑힌 공직자가 잘못을 저질러 유권자들의 지지를 잃으면, 비록 임기를 다 채우지 않았어도 자리에서 물러나게 하는 제도입니다.

이렇게 선거가 없더라도 시민들은 직접 광장에 나와 자신들의 생각과 의견을 밝힐 수 있습니다. 촛불 항쟁처럼 수많은 시민이 거리에 나와 시위하는 방법도 있고, 노동조합이나 농민회, 학생회, 시민 단체 등을 만들어 평소 동네나 일터에서 목소리를 낼 수도 있습니다. 흔히 시민들이 선거를 통해 대표자를 뽑아서 주인 역할을 하는 것을 '간접 민주주의' 또는 '대의 민주주의'라 하고, 정책 결정에 참여하여 직접 자기 목소리를 내는 것을 '직접 민주주의' 또는 '참여 민주주의'라 합니다. 시민들이 정치를 하려면 이 두 방법 모두 꼭 필요합니다. 시민이 펼치는 정치의 두 날개라고 할 수 있지요.

> **생각 더하기**
>
> 대한민국에는 어떤 선거들이 있을까요? 대통령 선거를 비롯해 어떤 선거로 무슨 공직자를 뽑는지 조사해 봅시다. 그리고 선거에 당선된 사람들이 내 삶과 관련된 어떤 일들을 결정하거나 대신하고 있는지 알아봅시다.

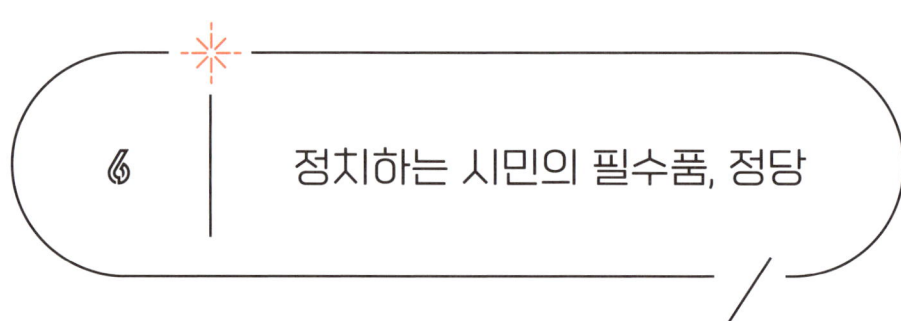

6 정치하는 시민의 필수품, 정당

나와 생각이 통하는 후보는 누구?

앞에서 '대의 민주주의'라는 말을 소개했습니다. '대의'라는 말이 좀 낯설지요? 대의란 남의 생각이나 의견을 대신하여 의논한다는 뜻입니다. 선거로 선출된 공직자가 해야 할 일은 자신을 뽑아 준 유권자, 즉 시민들의 뜻을 대표하여 정치를 맡는 것입니다. 모든 시민이 매일 다른 일을 제쳐 두고 자기 생각이나 의견을 밝힐 수 없으니, 선거로 뽑힌 공직자들이 대신 판단하고 결정하는 것입니다.

그런데 이게 말처럼 쉽지 않습니다. 예를 들어 봅시다. 우리 지역 국회의원 선거에 김철수, 박영희, 이길동, 이렇게 세 후보가 나왔습니다. 선거 벽보를 살펴보니 셋 중에서 김철수 후보가 가장 성실해 보였습니다. 그래서 나는 김철수 후보에게 표를 던졌습니다. 나만 그렇게 생각한 게 아니었던지, 김철수 후보가 가장 많은 표를 받아 당선됐습니다.

한데 국회에서 세금 문제를 다루게 됐습니다. 우리나라는 전체 가정 중 3분의 1이 넘는 이들에게 여전히 자기 집이 없습니다. 그런가 하면 집을 수십, 수백 채씩 가진 부자들이 있습니다. 몇몇 국회의원들이 이런 부자들에게 더 많은 세금을 물려서, 그 돈으로 정부가 새 집을 많이 짓고 집 없는 이들에게 싼값에 빌려주자고 주장했습니다. 나도 이 정책에 적극적으로 찬성합니다. 하지만 내가 뽑은 김철수 의원은 이 정책에 반대합니다. 이것은 성실한 사람인지 아닌지와는 아무 상관 없는 문제입니다. 나는 나와 생각이 전혀 다른 사람을 나를 대신할 사람으로 뽑은 셈입니다. 결과적으로 내 뜻이 국회에서 제대로 반영되지 못하게 되었습니다.

그래서 '공약'이 중요합니다. 공약이란 선거에서 각 후보가 유권자에게 내놓는 약속입니다. 각 후보는 공직자로 당선되면 이런 저런 정책을 추진하겠다며 공약을 발표합니다. 그러면 유권자는 각 후보의 공약을 보고, 자기 생각과 통하는 공약을 제시한 후보를 골라 표를 던집니다. 김철수 후보는 사람은 괜찮아 보였지만, 집이 많은 부자들에게 더 많은 세금을 물리겠다고 공약한 후보는 아니었습니다. 세 후보 중에 이 내용을 공약한 사람은 박영희 후보였습니다. 이제 나는 다음번 선거에서 외모나 경력이 아니라 공약을 보고 내 뜻을 대표할 사람을 뽑게 되었습니다. 바로 박영희 후보 말입니다.

사실 선거 때마다 이렇게 여러 후보가 내놓은 공약을 일일이 살펴보고 투표하는 것도 쉬운 일은 아닙니다. 그런데 평소에 집 문제에 대해 생각이 비슷한 사람들끼리 모여 있다면 어떨까요? 집을 많이 가진 것도 그들 자유니 세금을 더 내서는 안 된다고 생각하는 사람들끼리 따로 모여 있고, 집 없는 사람들이 집 걱정하지 않아도 되게 만드는 정책을 지지하는 사람들끼리 따로 모여 있는 거지요. 그리고 양쪽에 각각 속한 사람들이 그 모임 소속임을 내걸고 선거에 후보로 나온다면요? 나는 집 많은 부자에게 더 많은 세금을 물려야 한다고 주장하므로, 내 생각과 비슷한 모임에 속한 후보가 누구인지 찾아 표를 던지면 됩니다. 굳이 여러 후보의 공약을 하나하나 자세히 읽어 보지 않아도, 내 뜻을 가장 잘 대표할 후보를 쉽게 고를 수 있을 것입니다.

이렇게 시민들이 자기 생각을 대신 표현할 공직자를 더욱 쉽게 선택할 수 있도록, 평소에 비슷한 생각을 하는 사람들끼리 모여 만든 모임이 바로 '정당'입니다. 이 조직은 선거가 다가오면 공천, 즉 자기 정당 이름을 내건 후보를 추천하여 유권자의 지지를 구합니다. 정당은 대의 민주주의에 없어서는 안 될 조직입니다.

초등학교에도 정당이 있다!

2019년 7월에 흥미로운 신문 기사가 실렸습니다. 광주에 있는 문흥 초등학교의 학생회 선거 기사였는데요. 여러분도 학교에서 반장이나 전교 회장을 뽑은 경험이 있지요? 보통은 몇몇 나서기 좋아하는 친구가 후보로 나오고, 후보마다 별 차이가 없는 비슷비슷한 공약을 내걸곤 합니다. 그러다 보니 친구들 사이에서 인기가 높거나 선생님에게 자주 칭찬을 듣는 후보가 당선되는 경우가 많습니다. 후보가 한 명뿐이라 형식적인 찬반 투표로 결정되는 경우도 있고요.

그런데 문흥 초등학교 학생회 선거는 달랐습니다. 학생들이 직접 대의 민주주의에 꼭 필요한 조직인 '정당'을 만들고, 각 정당에서 학년별 대표를 출마시켰습니다. 그리고 전체 학생들은 후보가 아니라 정당을 보고 표를 던졌습니다. 그럼 문흥 초등학교 친구들은 어떤 정당을 만들었을까요?

기호 1번을 받은 정당은 '공좋아당'입니다. 이 당은 "방과 후 교실에 피구 수업을 열도록 학교에 건의하겠다"라는 공약을 내걸었습니다. 피구를 정말 좋아하는 학생들이 모여 만든 정당 같지요. 당 이름도 공약과 잘 어울립니다.

기호 2번 정당은 '우리는빛난당'이라는 특이한 이름을 내걸었습니다. 이 정당은 학생들이 가장 좋아하는 운동이 무엇인지 투표를 거쳐서 새로운 운동 시설을 갖추겠다고 약속했습니다. 아마도 '공좋아당' 당원들만큼이나 운동을 좋아하지만, 피구 말고도 다양한 운동을 좋아하는 학생들이 모인 정당 같습니다.

기호 3번 정당도 운동과 관련이 있었습니다. 이 정당의 이름은 '문흥FC축구당'으로, 학생회가 나서서 축구 대회를 개최하겠다고 공약했습니다. 이름에서부터 드러나듯 축구 사랑 정당이지요. 그러고 보니 문흥 초등학교 학생들은 운동을 참 좋아하나 봅니다.

그런데 좀 다른 정당들도 있습니다. 기호 4번 정당은 '양성평등당'이었습니다. 이 당은 여학생과 남학생을 차별하는 시설들을 바꾸겠다고 공약했습니다. 또 기호 5번 '즐거운학교당'은 첫눈이 오

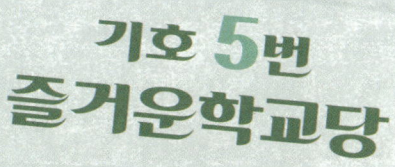

면 같은 반 친구들끼리 영화 보는 행사를 하겠다고 약속했습니다. 아마도 운동 말고 다른 즐거움을 찾는 친구들이 모인 것 같습니다. 이렇게 다섯 개 정당이 후보를 내고 학년별 토론회도 하면서 재미있게 선거 운동을 벌였다고 합니다.

문흥 초등학교도 원래는 학생회 선거 방식이 다른 학교들과 별반 다르지 않았다고 합니다. 그런데 별다른 공약도 없이 인기만으로 뽑히다 보니, 막상 전교 회장이 돼서는 그다지 하는 일이 없었습니다. 아마 다른 학교들도 사정이 크게 다르지 않을 겁니다. 그렇다 보니 학생회가 학생을 위해 하는 일이 별로 없다는 불만이 적지 않았습니다.

그래서 문흥 초등학교 친구들은 이제까지의 선거 방식을 바꿔 보기로 했습니다. 새로운 선거 제도도 투표를 통해 결정했다고 합니다. 선생님들이 만든 게 아니라 학생들이 직접 새로운 방식을 생각해 다수의 뜻을 모아 정한 거예요. 정말 대단하죠?

학생을 대표하는 학생회를 투표로 뽑는 것은 학교 안에서 이뤄지는 대의 민주주의입니다. 그런데 학생들은 학생회가 정말 자기들의 뜻을 대표하고 있다는 생각이 별로 들지 않았습니다. 뭔가 아주 중요한 것이 빠져 있었기 때문입니다. 문흥 초등학교 학생들은 그 뭔가가 바로 정당임을 잘 알았습니다. 공약을 중심으로 모여서 선거에 뛰어들고, 당선된 뒤에는 그 공약이 실현되도록 책임지는 조직이 꼭 필요하다는 것을 배우게 되었습니다.

대의 민주주의에 꼭 필요한 정당

문흥 초등학교에 '공좋아당'이나 '양성평등당'이 있는 것처럼, 대한민국에도 여러 정당이 있습니다. 정당들 이름이 하도 자주 바뀌어서 좀 헷갈리기는 하지만, 이 글을 쓰는 지금은 더불어민주당, 국민의힘, 정의당, 국민의당, 진보당, 기본소득당, 녹색당 같은 정당들이 있습니다. 유권자들은 선거에서 각 후보가 어느 정당에 속했는지만 확인해도 그 후보가 공직자가 되어 어떤 정책을 펼치려고 하는지 쉽게 알 수 있습니다. 각 정당이 무엇을 주장하는지 이미 잘 알려져 있기 때문입니다.

우리나라뿐만이 아니라 모든 민주주의 국가에는 서로 정책이 다른 수많은 정당이 있습니다. 미국에는 민주당과 공화당이 있고, 영국에는 노동당과 보수당이 있습니다. 독일에는 중요한 정당의 수가 더 많아서 기독교민주당, 자유민주당, 사회민주당, 녹색당, 좌파당 등이 있습니다. 대체로 민주주의가 더 활기차게 발전한 나라일수록 정당의 수도 많습니다. 그래서 시민들이 정치적 결정을 내릴 때마다 다양한 정당이 내놓은 다채로운 정책 중 하나를 마음껏 선택할 수 있습니다. 정당은 이렇게 민주주의 사회에서 시민들을 제대로 대표하기 위한 핵심 조직입니다.

생각 더하기

우리나라에는 어떤 정당들이 있는지 조사해 봅시다. 각 정당이 내세우는 정책은 무엇이고, 서로 어떻게 구별되나요? 우리나라 말고도 세계 여러 나라에는 어떤 정당들이 있을까요? 여럿이서 한 나라씩 맡아서 조사한 다음, 비슷한 점과 차이점을 비교해 봅시다.

7 모두가 승리할 수 있는 선거

결선 투표제, 왜 필요할까?

민주 공화국에서 선거가 얼마나 중요한지 앞서 이미 이야기했습니다. 대한민국에서 선거 하면 가장 먼저 떠오르는 것이 바로 대통령 선거인데요. 대한민국 대통령 선거 방식은 꽤 간단합니다. 여러 정당이 대통령 후보를 한 명씩 내면, 이들 중에 가장 많은 표를 얻은 사람이 대통령으로 당선하는 방식입니다. 우리에게 익숙한 선거 방식이라, 흔히 이런 선거 방식이 가장 상식적이라고 생각하기 쉽습니다.

하지만 과연 그럴까요? 세계 여러 나라에서는 '결선 투표제'를 시행하고 있습니다. 투표한 사람 중에서 과반수, 즉 절반 넘는 사

네 후보 가운데 과반수의 지지를 받은 후보가 없다면?

1, 2위 후보에게 다시 투표하여 결정!

람들의 지지를 받아야만 당선할 수 있는 제도입니다. 그러기 위해 연달아 두 번 투표를 할 수도 있습니다.

    결선 투표제에서도 첫 번째 투표는 대한민국 대통령 선거와 똑같습니다. 그런데 결선 투표제가 있는 나라에서는 첫 번째 투표에서 1등을 한다고 해서 곧바로 당선자가 되는 건 아닙니다. 물론 투표한 사람 중 과반수의 지지로 1등이 됐다면 그대로 대통령이 됩니다. 그러나 과반수를 얻지 못했다면 투표를 한 번 더 해야 합니다.

두 번째 투표에서는 첫 번째 투표에서 1, 2위를 한 후보만 나와서, 누가 과반수 시민의 지지를 받는지 확인합니다. 여기서 승리한 후보가 최종적으로 대통령에 당선합니다. 2위였던 후보가 두 번째 투표에서는 더 많은 지지를 얻어 당선하는 경우도 자주 있습니다. 이렇게 투표를 한 번 더 해서라도 전체 시민의 반 이상이 지지하는 대표자를 만드는 제도가 바로 결선 투표제입니다.

왜 많은 나라가 이런 결선 투표제를 시행할까요? 투표를 두 번 해야 하면 더 번거로울 텐데 말입니다. 그것은 선거의 목적이 단순히 승리자를 가려내는 데 있지 않기 때문입니다. 승리자가 있는 곳에는 반드시 패배자가 있습니다. 이것은 어쩔 수 없습니다. 하지만 패배자는 되도록 적을수록 좋습니다. 선거에서 내가 지지하는 후보가 당선하지 못했기 때문에, 정부나 국회에 내 목소리를 전할 길이 없다고 생각하는 시민들이 많아진다면 어떻게 될까요? 시민들 사이에서 불만과 분노가 끓어오를 수밖에 없을 것입니다.

결선 투표제는 이런 위험을 최소로 줄이려는 제도입니다. 대통령이나 지방자치단체장 선거처럼 한 명의 당선자를 내야 하는 선거에서 패배자를 가장 적게 줄이려는 노력이지요. 투표한 사람 중 절반 이상이 지지해야 당선할 수 있다는 것은, 달리 말하면 반대하는 사람이 절반보다 적게 만들겠다는 것입니다.

만약 결선 투표제가 없다면, 투표한 사람 중 30%만 지지하는 후보라도 다른 후보들보다 한 표라도 더 많이 받으면 승리자가 될 수 있습니다. 그렇게 되면 나머지 70%는 자기가 지지하는 후보가 떨어졌으니 패배자가 되는 셈입니다. 그런데 결선 투표제가 있으면 다릅니다. 패배자가 있더라도 그 수는 항상 50%보다 적을 수밖에 없습니다. 선거에서는 승리자를 확실히 가르는 것도 중요하지만, 이렇게 패배자를 줄이려는 노력도 중요합니다.

지지하는 사람 수에 비례하도록

대통령 선거보다 이런 노력이 더 절실히 필요한 것은 국회의원 선거입니다. 대통령이나 지방자치단체장 선거는 정부를 책임질 한 명의 최고 공직자를 뽑는 선거입니다. 반면 국회의원이나 지방의원 선거는 시민들 대신 법률이나 예산을 토론하고 결정할 대표자들을 뽑는 선거입니다. 이런 선거에서는 시민들 사이에 존재하는 여러 생각이나 의견들이 국회나 지방의회에서 그대로 '대의'가 이루어지도록 하는 것이 중요합니다.

어떤 사안에 대해 시민들 사이에서 ㄱ, ㄴ, ㄷ의 세 가지 의견이 있다면, 국회나 지방의회에도 ㄱ을 말하는 의원, ㄴ을 말하는 의원, ㄷ을 말하는 의원이 꼭 있어야 합니다. 또한 ㄱ 의견을 지지하는 시민들의 수가 가장 많고 그다음 ㄴ, ㄷ 순서라면, 국회나 지방의회의 의원 수도 ㄱ, ㄴ, ㄷ 순서로 많고 적은 것이 바람직합니다. 여러 나라 선거 제도들 가운데는 이런 원칙을 지키려고 고안된 제도가 있습니다. 바로 '비례 대표제'입니다.

비례 대표제를 살펴보기 위해 다시 가상의 초등학교 선거를 예로 들어 봅시다. 이 학교 6학년에 3개 반이 있는데, 반마다 한 명씩 모두 3명의 대표를 선출해서 6학년 학생회를 만들기로 했습니다. 학생들은 '축구당'과 '피구당'이라는 정당을 만들어 후보를 내고 선거 운동을 벌였습니다.

그런데 6학년 각 반에는 피구를 좋아하는 학생보다 축구를 좋아하는 학생이 조금씩 더 많았습니다. 그래서 1반에서는 피구당이 12명, 축구당이 13명의 지지를 받았습니다. 2반에서는 피구당이 10명, 축구당이 15명의 지지를 받았습니다. 3반에서는 피구당이 8명, 축구당이 17명의 지지를 받았고요.

그렇게 해서 세 반 모두 축구당에 속한 후보가 대표로 뽑혔습니다. 그런데 세 반에서 얻은 표를 다 합쳐 보면, 피구당은 30명의 지지를 받고 축구당은 45명의 지지를 받았습니다. 피구당은 전체 학생 75명 가운데 40%나 되는 30명의 지지를 받았지만, 한 명의 대표도 당선시키지 못한 것입니다. 반면에 전체 학생 중 60%의 지지를 받은 축구당은 대표를 세 명 다 싹쓸이합니다. 피구당을 지지한 학생들은 모두 패배자가 되고, 축구당을 지지한 학생들은 승리를 독차지하게 되지요. 선거 제도 때문에 너무 많은 유권자가 자기 대표를 갖지 못하는 것입니다.

그런데 선거 제도를 전혀 다르게 만들어 본다면 어떨까요? 이번에는 6학년 전체에서 반과 상관없이 5명의 대표를 선출하기로 합니다. 그리고 각 정당이 받은 지지만큼 당선자를 나누기로 합니다. 이런 규칙에 따른다면 축구당은 전체 학생 중 60%의 지지를 받았으므로 당선자가 3명이 됩니다. 그리고 피구당도 당선자를 낼 수 있습니다. 전체 학생 중 40%의 지지를 받았으니 당선자가 2명이 됩니다. 축구당이 피구당보다 대표가 1명 더 많지만, 어느 한쪽이 완전히 승리하거나 패배했다고 말할 수 없습니다. 축구와 피구에 대한 학생들의 의견이 선거 결과로 고스란히 이어졌을 뿐입니다. 이것이 '비례 대표제'입니다.

첫 번째 경우처럼 축구당이 3명의 대표를 독차지하게 된다면,

6학년 학생회는 어떤 결정을 하게 될까요? 학교 운동장은 십중팔구 축구를 좋아하는 친구들의 독차지가 될 것입니다. 반면에 두 번째 경우처럼 축구당과 피구당이 각각 3명과 2명의 대표를 당선시킨다면, 6학년 학생회에서는 어떤 결정이 나올까요? 피구당을 무시하고 축구당에만 좋은 결정을 내리기는 힘들 것입니다. 시간이나 공간을 나눠서 피구를 좋아하는 친구들도 운동장을 사용할 수 있도록, 좀 더 슬기로운 결정을 내리지 않을까요?

누구도 승리를 독차지할 수 없는 선거 제도

세상에는 정말 다양한 선거 제도가 있습니다. 우리가 오랫동안 당연시한 선거 제도, 그러니까 1등 후보와 그를 지지한 시민들만 승리자가 되는 선거 제도를 시행하는 나라는 오히려 전 세계에서 얼마 안 됩니다. 국회의원 선거에서 비례 대표제를 시행하고 대통령 선거에서는 결선 투표제를 시행하는 나라가 다수입니다.

물론 어떤 선거 제도가 '정답'이라고 말할 수는 없습니다. 다들 자기 나라 실정에 맞는 선거 제도를 선택해 실시할 뿐입니다. 하지만 어떤 선거 제도가 '더 나은' 제도인지 계속해서 논의해 보아야 합니다. 1등 빼고 나머지는 다 패배자가 되는 선거 제도보다, 패배자가 적을수록 더 나은 선거 제도가 아닐까요? 나날이 다양해지는 오늘날 사회에서, 민주 시민에게 가장 바람직한 선거 제도는 누구도 승리를 독차지할 수 없는 선거가 아닐까 생각합니다.

생각 더하기

친구들과 함께 나라를 하나씩 정해서 세계 여러 나라의 선거 제도를 알아봅시다. 각 나라의 선거 제도는 어떠한지, 그 장단점은 무엇일지 비교해 봅시다. 여러분이 보기에 더 합리적이라고 생각되는 선거 제도는 무엇인지, 그 이유는 무엇인지도 정리해 봅시다.

2 | 정치하기에 어린 나이는 없다

정치와 선거, 먼 미래의 이야기?

앞에서 선거와 정당 이야기를 했습니다. 그런데 이런 이야기에 거리감을 느끼는 친구들도 적지 않을 테지요. 선거나 정당은 어른들이나 관심을 가지면 되는 일 아니냐면서요. 앞서 초등학교 학생회 선거를 예로 들었지만, 학생회와 국회의원 선거는 엄연히 다르게 보일 것입니다. 국회의원 선거쯤 돼야 진짜 정치이고, 학생회는 어른 사회를 흉내 내는 연습 같은 것이라고 대수롭지 않게 여길 수도 있습니다.

하지만 과연 그럴까요? 우리나라에서는 만 18세가 되면 누구나 대통령 선거나 국회의원 선거에서 투표를 할 수 있습니다. 몇 년 전만 해도 만 19세가 돼야 투표할 수 있었는데, 최근에 바뀌었습니다. 이 책을 읽는 여러분도 몇 년만 지나면 곧 만 18세가 되어 투표를 할 수 있게 되겠죠.

그런데 더 어린 나이부터 투표할 수 있는 나라도 있습니다. 오스트리아나 브라질 같은 나라가 그렇습니다. 이 나라들에서는 만 16세가 되면 투표권이 생깁니다. 만 16세라면 한국에서는 보통 고등학교 1학년입니다. 고등학교 3학년인 만 18세에 투표권을 행사할 수 있다면, 1학년인 만 16세에도 충분히 투표할 수 있는 것 아닐까요?

우리나라에는 10대 청소년이 정치에 적극적으로 참여한 오랜 역사가 있습니다. 여러분이 이미 잘 알고 있는 3·1 운동이 그렇습니다. 1919년 봄, 3·1 운동에 가장 앞장선 이들 중에는 중고생이 있었습니다. 이들이 독립 선언문을 퍼뜨리는 데 앞장섰고, 시위대의 맨 앞에 섰습니다. 유관순 열사 같은 이들 말입니다. 이때 유관순 열사가 몇 살이었을까요? 지금의 고등학교 2학년에 해당하는 17세였습니다.

3·1 운동만이 아닙니다. 1929년에 벌어진 광주 학생 항일 운동은 아예 처음부터 끝까지 중고생들이 주인공인 독립운동이었습니

다. 처음 시작된 곳은 광주였지만, 전국으로 퍼져 나가 수만 명의 학생이 투쟁에 함께했습니다. 지금 우리는 이런 투쟁을 독립운동이라 기억하지만, 이는 곧 정치 활동이기도 했습니다. 나라를 빼앗긴 우리 할머니 할아버지들에게는 우선 나라를 되찾는 것이 모든 정치의 출발점이었습니다. 말하자면 3·1 운동이나 광주 학생 항일 운동에 앞장선 선조들은 10대 학창 시절에 정치에 참여하는 게 지극히 당연하다고 여겼던 것입니다.

일제 강점기에만 그랬던 게 아닙니다. 1960년에 일어난 4·19 혁명에서도 마찬가지입니다. 이승만 대통령이 선거 부정을 저지르면서 독재 정권을 이어 가려 하자, 시민들이 거리에 나섰습니다. 그중에서도 제일 먼저 나섰던 이들이 바로 중고생들이었습니다. 마산의 김주열 열사를 비롯해 많은 학생이 독재 정권의 총칼에 희생되기도 했습니다. 그러자 나중에는 초등학생들까지 거리에 나와 "국군 아저씨들은 부모 형제들에게 총부리를 대지 말라!" 하며 외쳤습니다. 결국 이승만 독재 정권은 무너졌고, 4·19 혁명 정신은 이후 독재와 부정부패에 맞서는 모든 투쟁의 출발점이 됐습니다. 여기에서 다시 한번 청소년이 대한민국 민주주의의 당당한 주역임을 확인할 수 있습니다.

청소년은 민주주의의 당당한 주역

2017년, 남태평양의 섬나라 뉴질랜드의 총리가 새로 바뀌었습니다. 뉴질랜드는 의원 내각제를 시행하는 나라로, 대통령이 아닌 총리가 나랏일을 책임집니다. 새 총리는 저신다 아던이라는 여성이었는데, 당시 그의 나이가 37세밖에 되지 않아 큰 화제가 되었

습니다. 우리나라에서는 나이가 30대인 대통령은커녕 그렇게 젊은 국회의원도 많지 않습니다. 심지어 대통령 선거는 만 40세가 넘어야만 나갈 수 있다고 아예 헌법에다 못 박아 두었습니다. 이런 우리 현실에 비추어 보면 37세에 나라를 대표하는 총리가 꽤 낯설게만 느껴집니다.

한데 뉴질랜드만이 아니었습니다. 2019년에는 북유럽의 핀란드에서도 젊은 여성 총리가 등장했습니다. 이름은 산나 마린이고, 나이는 불과 34세였습니다. 저신다 아던 총리보다 세 살이나 더 적은 나이에 한 나라를 이끄는 자리에 올라선 것입니다. 산나 마린 총리만이 아니라 그와 함께하는 내각의 장관들 역시 대개 30대 초반이었습니다. 예를 들어 교육부 장관을 맡은 리 안데르손은 마린 총리보다도 두 살 더 적은 32세의 여성이었습니다. 만약 한국에서 이렇게 서른 살 갓 넘은 사람이 장관이 된다면, 인생 경험이 부족한 젊은이가 어떻게 장관을 하냐며 코웃음 치거나 비판하는 이들이 많을 것입니다.

그렇다면 과연 젊은 사람들이 총리나 장관 일을 제대로 해낼 수 있을까요? 한 나라의 운명을 좌우하는 커다란 일을 맡기기에는 너무 경험이 없지 않나요? 그렇지 않습니다. 다들 이미 10대

시절부터 정치에 적극적으로 참여했기 때문입니다. 그저 학생회 일을 열심히 했다거나 정치에 대해 일찍부터 공부했다거나 하는 정도가 아닙니다. 중고생 시절에 벌써 정당에 가입해 활동할 정도였습니다. 학교에 다닐 때부터 청소년 정치가로 경험을 쌓은 것입니다.

저신다 아던 총리는 17세에 노동당에 입당했습니다. 뉴질랜드 노동당에는 '청년 노동당'이라는 조직이 있어서 10대 청소년들이 가입하고 활동할 수 있습니다. 우리나라로 치면 고등학교 2학년 때부터 10대 정치가로서 다양한 경험을 했던 것입니다. 그래서 총리가 될 때는 이미 경력이 20년이나 되는 정치가였습니다.

핀란드의 산나 마린 총리도 마찬가지입니다. 저신다 아던 총리보다는 좀 늦지만, 대학교에 다니던 21살에 사회민주당에 입당했습니다. 그래서 처음 총리가 된 34세에 이미 경력 10년이 훨씬 넘는 정치가였습니다. 산나 마린 총리와 함께 일한 장관들도 비슷합니다. 리 안데르손 교육부 장관은 10대에 좌파 연합이라는 정당에 가입했고, 처음 선거에 후보로 출마한 것은 21세였습니다.

저신다 아던 총리나 산나 마린 총리 소식이 우리나라에 알려졌을 때, 많은 이가 우리 상황과 비교하며 한탄했습니다. 뉴질랜드나 핀란드에서는 젊은 총리가 나오는데 왜 한국은 그러지 못하냐며 말입니다. 하지만 한탄만 할 일이 아닙니다. 뉴질랜드나 핀란드가 한국과 다른 것은 청소년 시절부터 당당한 한 사람의 시민으로서 정치에 적극적으로 참여하는 게 당연시된다는 점입니다. 많은 중고생이 정당에 가입해 10대 시절부터 정치 활동 경험을 쌓습니다. 그러니까 20대, 30대만 되어도 훌륭한 정치가가 될 수 있는 것입니다. 이런 점을 보지 못하고 한국의 정치가들이 너무 나이 들었다며 한탄만 해서는 아무것도 바뀔 수 없습니다.

정치 활동은 청소년 시절부터

이제라도 한국은 3·1 운동과 광주 학생 항일 운동, 4·19 혁명의 기억을 되살려야 합니다. 그때 우리 할머니 할아버지들이 그랬던 것처럼, 청소년들이 정치에 적극적으로 참여하는 아름다운 전통을 되살려야 합니다. 정당에도 가입하고, 정치 토론도 하고, 선거 운동을 하는 훈련도 해야 합니다. 책상 앞에서 하는 공부만 공부가 아닙니다. 이렇게 정치 활동을 직접 경험하는 것도 훌륭한 시민이 되는 좋은 공부입니다. 민주주의 사회를 살아가는 데 필요한 공부입니다.

청소년들이 정치의 주인으로 나서면 여러 가지가 크게 바뀔 수 있습니다. 뉴질랜드나 핀란드처럼 우리나라에도 청년 정치가들이 더 많이 나오고, 젊은 지도자들이 성장할 것입니다. 젊은이들이 정치에 열심히 참여할수록 이전에는 잘 다뤄지지 않던 젊은 층의 여러 문제가 좀 더 중요하게 드러날 것입니다.

예를 들면 교육 문제가 그렇습니다. 한국의 학교 교육은 문제가 많습니다. 중·고등학교 다닐 동안은 지나치게 대학교 입학시험 준비에만 매달려야 하고, 대학교에 들어가면 교육의 질에 비해 엄청난 등록금을 내야 합니다. 지금까지 한국 사회의 많은 시민이 이를 어쩔 수 없는 문제라 여기곤 했습니다. 하지만 과연 그럴까요? 비슷한 문제를 안고 있던 프랑스나 칠레 같은 나라에서는 학생들이 들고일어나 교육 제도를 뜯어고친 사례가 있습니다. 정치를 통해 교육 문제를 해결한 것입니다.

이제 우리나라에도 이런 정치가 있어야 합니다. 바로 여러분이 주인공으로 나설 때 그런 정치가 가능합니다.

> **생각 더하기**
>
> 여러분이 지금 당장 정당에 가입해 정치 활동을 할 수 있다면, 가장 먼저 바꾸거나 새로 만들고 싶은 것은 무엇인가요? 학교 안의 여러 가지 문제를 해결하고 싶은가요? 아니면 우리 동네에서 일어나는 일에 더 관심이 많나요? 각자 자기가 가장 관심을 두고 있는 문제가 무엇인지, 어떤 방법으로 이를 해결할 수 있을지 이야기해 봅시다.

⑨ 대학 등록금에 담긴 정치

독일 대학생들의 등록금 시위

몇 년 전, 독일에서 대학생들이 거리에 나와 시위했습니다. 대학생들은 "대학 등록금을 없애야 한다!"라고 외쳤습니다. 보통 초·중·고등학교는 학비를 내지 않거나 조금만 내는데, 대학교에 가면 학기마다 '등록금'이라는 이름으로 꽤 큰 돈을 내야 합니다. 그래야 그 학기에 대학에서 공부를 할 수 있습니다. 등록금을 못 내면 대학교에 다닐 수가 없고요.

독일 대학생들은 이 등록금을 없애려고 시위를 한 것입니다. 그런데 이때 독일의 한 학기 대학 등록금을 우리나라 돈으로 환산하면 약 70만 원 정도였습니다. 여러분이 보기에는 꽤 큰 돈이겠지요? 그런데 우리나라 대학 등록금은 얼마인지 아시나요? 한국 대학의 대부분을 차지하는 사립대의 한 학기 등록금은 평균적으로 350만 원이 넘습니다. 심지어 500만 원이 넘는 학교도 있고요. 독일 등록금의 5배를 훌쩍 뛰어넘지요. 우리나라 대학 등록금과 비교하니 독일 대학 등록금은 적어 보일 정도입니다. 그런데도 독일 대학생들은 대학교가 등록금을 받아선 안 된다며 시위를 벌였습니다. 독일 대학생들이 한국에 와 보면 놀라 까무러칠지도 모르겠어요.

실은 독일 대학에서 등록금을 받기 시작한 지도 얼마 안 됐다고 합니다. 그전에는 학생들이 거의 돈을 내지 않았습니다. 오랫동안 초등학교에서 대학교까지 '무상 교육'을 받을 수 있었지요. 그러다 대학교에서 조금씩 등록금을 받기 시작했는데, '누구에게나 고루 교육의 기회를 주어야 한다'라고 주장하는 대학생들의 반대에 부딪혔습니다. 그래서 요즘 독일에서는 다시 대학까지 무상 교육으로 되돌아가고 있다고 합니다.

우리나라에서도 초등학교와 중학교는 무상 교육입니다. 고등학교도 일부 사립 학교를 빼면 거의 무상 교육으로 바뀌고 있습니다. 그러나 대학교에 가면 엄청난 돈을 내야 합니다. 도대체 1년에

1천만 원에 이르는 돈을 별걱정 없이 낼 수 있는 집이 얼마나 있을까요? 대학은 고향을 떠나 다른 도시로 가는 경우도 많으니, 비싼 집세까지 치러야 하고요. 그래서 많은 대학생이 아르바이트를 합니다. 그래도 돈을 다 마련할 수 없어 은행에서 돈을 꾸어 등록금을 내는 대학생이 많습니다. 그러다 보니 청년들이 엄청난 은행 빚을 지고 사회생활을 시작해서, 이걸 갚는 데 젊은 날을 다 보내고 있습니다.

정말 답답한 현실입니다. 독일은 대학까지 무상 교육에 가깝지만, 꼭 대학을 졸업하지 않아도 차별을 덜 받다 보니 대학에 가는 사람이 절반이 채 안 됩니다. 하지만 우리는 대학을 마쳐야 조금이라도 더 나은 대우를 받을 수 있어서, 80% 정도가 대학에 갑니다. 그러니 아이 하나를 키우기 위해 온 가족이 고생하고, 수많은 젊은이가 출발선에서부터 빚쟁이가 될 수밖에 없습니다. 이걸 하루빨리 바꾸지 않으면 몇 년 뒤에는 이 책을 읽는 여러분과 부모님도 비싼 대학 등록금을 내야만 합니다.

무상 교육의 비결

독일은 도대체 어떻게 대학까지 무상 교육을 할 수 있을까요? 그 이유는 독일의 대학이 대부분 공립 대학이기 때문입니다. 많은 대학이 중앙 정부나 시청, 도청에 속해 있고, 세금으로 운영됩니다. 돈 많은 사람들에게서 더 많은 세금을 거둬 대학을 운영합니다. 그러니 가난한 학생들의 호주머니에서 등록금이라는 이름으로 돈을 가져가지 않아도 됩니다.

반면에 한국의 대학들은 대부분 사립 대학입니다. 마치 기업처럼 돈 많은 사람들이 재단을 만들고, 이 재단이 학교를 운영합니다. 원래 학교 재단은 교육이라는 공익을 목적으로 만들어진 것이므로, 재단 이사장 같은 몇몇 개인의 이익을 남기려 들면 안 됩니다. 사립 학교라 해도 상당 부분 나라 예산에서 지원을 받기도 하고요. 한데 현실은 그렇지 않습니다. 재단이 가진 재산을 쓰지 않고 오로지 학생들이 낸 등록금으로 학교를 운영합니다. 게다가 엄청나게 많은 돈을 남겨서 대기업처럼 재단의 덩치를 불립니다. 수많은 젊은이와 그 가족들이 이런 교육 장사의 희생양이 되고 있습니다.

사실 독일도 아주 오래전에는 우리나라와 비슷했습니다. 아니, 독일뿐만 아니라 대부분의 나라에서 돈 없는 사람은 대학교에 쉽게 다닐 수 없었습니다. 지금 우리나라처럼 대다수 대학이 사립 학교였고, 학생들에게 값비싼 등록금을 받아 대학을 운영했습니다. 그런데 독일을 비롯한 몇몇 나라에서 점차 변화가 일어났습니다. 중앙 정부와 지방자치단체가 사립 대학을 공립 대학으로 바꾸기 시작했습니다. 그리고 공립 대학에서는 등록금을 거의 받지 않게 되었습니다. 대학까지 무상 교육으로 바뀐 것입니다.

어떻게 이런 변화가 생겼을까요? 바로 정치를 통해서입니다. 집이 잘살든 못살든 상관없이 누구나 고른 기회를 얻으려면 모든

교육은 무상 교육이어야 한다고 외치는 시민들이 생겨났고, 이들이 힘을 모았습니다. 정확히 말하면 무상 교육을 주장하는 이들이 정당을 새로 만들었습니다. 독일에서는 '사회민주당'이 이런 정당이었습니다. 지금으로부터 약 150여 년 전에 독일의 가난한 노동자들이 만든 정당입니다. 대략 19세기 후반으로, 우리나라에서는 동학 농민 혁명을 일으키게 되는 동학당이 농민들 사이에서 성장하던 무렵입니다.

독일 사회민주당은 민주주의는 반드시 '사회' 민주주의로까지 발전해야만 한다고 주장했습니다. '민주주의'라고 하면 대개 모든 시민이 고르게 한 표씩 투표하는 정치적 평등만을 생각합니다. 그런데 사회민주당을 만든 이들은 정치적 평등만으로는 부족하다고 생각했습니다. 정치적 평등은 또 다른 평등으로 나아가기 위한 수단일 뿐이고, 결국 경제-사회적 평등을 지향해야 한다고 주장했습니다. 모두가 고루 잘살자는 것입니다. 물론 지금 당장 이런 이상을 실현하기는 쉽지 않습니다. 하지만 평등한 세상을 향해 한 발자국이라도 앞으로 내딛어야 합니다. 현재 많은 이를 괴롭히는 불평등을 조금씩이라도 고쳐 나가야 합니다. 사회민주당 당원들은 독일 시민들 사이에 이런 생각을 퍼뜨렸습니다.

처음에는 많은 이가 콧방귀를 뀌었습니다. 세상은 그렇게 크게 바뀔 수 없는 법이라고 훈계하는 사람들도 많았습니다. 그러나 세월이 지나고 사회민주당의 노력이 쌓일수록 분위기가 달라졌습니다. 사람들이 살아가는 데 꼭 필요한 것들을 누구나 평등하게 누릴 수 있게 하자는 목소리가 지지를 얻었습니다. 그렇게 생각하는 사람들이 반대하는 사람들보다 더 많아졌습니다.

여기서 사람들이 살아가는 데 꼭 필요한 것이란 무엇일까요? 먹고살려면 일자리가 필요하고, 아플 때 건강을 되찾으려면 병원에 갈 수 있어야 합니다. 교육 또한 이것들만큼 꼭 필요하지요. 부유한 집안에서 태어난 사람은 가난한 집안 출신보다 출발선이 저만치 앞서 있게 마련입니다. 누구에게나 고르게 교육 기회를 주는 것이야말로 이 차이를 줄이는 가장 중요한 제도지요. 누구나 한 사람의 당당한 시민으로 성장하려면, 자기가 원하는 만큼 학교에 다닐 수 있어야 하고요.

사회민주당의 주장을 지지하는 사람들이 많아지면서 의료 제도나 교육 제도가 바뀌기 시작했습니다. 초등학교부터 무상 교육이 시작되더니 중학교, 고등학교로 확대됐고, 결국에는 대다수 대학이 공립 대학이 되면서 대학교도 무상 교육에 가까워졌습니다.

독일뿐만 아니라 다른 나라에서도 대학까지 무상 교육이 되는 과정은 대개 비슷합니다. 더 많은 평등을 원하는 시민들이 정당을 만들어 줄기차게 동료 시민들을 설득했고, 마침내 이런 정치적 노력을 통해 경제도, 사회도 바꿔 나갈 수 있었습니다.

복지 국가를 향해

세상에는 의료나 교육처럼 사람이 살아가는 데 꼭 필요한 것들을 누구나 평등하게 누릴 수 있는 나라들이 있습니다. 그런 나라들을 흔히 '복지 국가'라고 합니다. 독일은 이런 복지 국가 가운데 하나지요. 적어도 대학 교육에 관해서라면 그런 이름으로 불릴 자격이 충분합니다. 독일에서는 대학에서 공부하고 싶은 사람이 단지 돈이 없다는 이유로 꿈을 접어야 하는 일은 없으니까요. 사회 민주당이 오랫동안 주장한 '사회' 민주주의, 그러니까 경제-사회적 평등이 교육 제도에서 실현된 것입니다.

우리나라는 아직 복지 국가라고 하기엔 많이 부족합니다. 교육 제도를 놓고 보면 특히 그렇습니다. 그렇다고 좌절할 이유는 없습니다. 돈이 없으면 대학도 못 가겠구나 하며 한숨만 내쉴 일이 아닙니다. 우리도 할 수 있습니다. 대학 무상 교육을 실시하는 복지 국가가 되는 것이 불가능한 일이 아닙니다. 왜냐하면 우리에게도 정치라는 무기가 있기 때문입니다. 150여 년 전 독일 노동자들처럼 우리도 더 많은 평등을 바라는 시민들이 힘을 모으면 됩니다. 정당을 만들고 뜻을 함께하는 시민들을 늘리면 됩니다.

> **생각 더하기**
>
> 여러분 생각에 지금 우리나라에서 가장 중요한 문제가 무엇인지 친구들과 함께 이야기 나누어 봅시다. 그런 문제들 가운데 정치를 통해 해결할 수 없는 문제가 있는지, 정치와 관련이 없는 문제가 있는지 토론해 봅시다.

10 시험지옥도 정치로 해결!

시험이 인생을 결정한다?

기왕에 대학 등록금 문제를 꺼냈으니, 학교 이야기를 더 이어가 보겠습니다. 예전부터 우리나라는 학교에 다니는 내내 '시험지옥'에 시달려야 한다는 말이 있습니다. 너무 자주 시험을 보고 등수를 매기며, 다들 그 시험에서 더 나은 성적을 얻으려고 죽도록 경쟁해야 하기 때문이지요. 왜 그렇게 시험을 많이 볼까요? 결국은 가장 중요한 마지막 시험을 잘 보기 위해서입니다. 바로 대학 입학시험 말입니다.

우리나라 대학 입학시험은 세월이 흐르면서 그 방식이 계속 바뀌었습니다. 하지만 한 가지만은 바뀌지 않았습니다. 그게 뭐냐고요? 대학교의 등수가 정해져 있다는 사실입니다. 이런 현상을 흔히 '서열 구조'라고 합니다. 피라미드를 생각하면 됩니다. 제일 위 꼭짓점에는 서울 대학교가 있습니다. 그 밑에는 서울에 있는 명문 사립 대학들이 있고, 다시 그 밑에 지방 대학들이 있습니다. 사람들은 피라미드 위쪽에 있는 대학일수록 '좋은' 대학이라고 생각하고 이런 대학에 가야 '뛰어난' 인재라고 여깁니다. 그래서 다들 대학 입학시험을 잘 치러 피라미드 위쪽에 있는 대학에 가려고 애씁니다. 입학시험 방식이 어떻게 바뀌든 이런 경쟁만은 달라지지 않습니다.

이 책을 읽는 여러분도 이미 어른들에게 "열심히 공부해야 좋은 대학 가서 나중에 성공한다." 같은 말, 많이 들어봤지요? 그러니까 우리나라 사람들에게 공부하는 이유는 오직 '좋은' 대학에 가기 위해서입니다. 그리고 '좋은' 대학에 가는 이유는 졸업하고 나서 남보다 '좋은' 일자리를 갖기 위해서입니다. 실제로 피라미드 위쪽에 있는 대학을 졸업한 사람들은 아래쪽 대학을 나온 이들보다 더 좋은 직장에 취직하는 경향이 있습니다. 더 좋은 직장에 취직하니까 월급도 더 많이 받고, 세상에서 흔히 말하는 '성공'을 거둘 가능성도 더 큽니다. 그러다 보면 늙어서도 더 편안한 삶을 누리게 됩니다. 한마디로 어떤 대학에 입학하느냐에 따라 인생 전체가 달라집니다.

이렇게 한국 사회에서는 대학 입학시험 하나로 한 사람의 삶이 결정됩니다. 마치 조선 시대의 과거 시험을 연상시킵니다. 조선 시대에는 과거에 합격하기만 하면 평생 양반으로 특권을 누렸습니다. 시험 하나로 인생에서 너무 많은 게 결정됐던 것입니다. 이제는 조선 시대가 아닌데도, 세월이 많이 변했어도 이 점만은 끝내 안 바뀐 것 같습니다. 옛날의 과거 시험이 지금은 대학 입학시험이 됐을 뿐, 시험 하나로 사람들의 삶에 등수가 매겨지는 것은 비슷합니다.

현실이 이렇다 보니 다들 시험에 목숨을 걸 수밖에 없습니다. 고등학생들은 코앞에 닥친 대학 입학시험을 잘 보려고 밤을 새우며 시험공부를 합니다. 학교에 다니는 것으로도 부족해 밤늦게까지 학원에 다닙니다. 고등학생뿐만 아니라 이미 중학교 때부터 대학 입학시험을 내다보며 서로 경쟁합니다. 아니, 초등학교 때부터 벌써 대학 입학시험을 준비하고, 옆자리 짝꿍을 시험에서 이겨야 할 경쟁 상대로 보기 시작합니다. 대학교의 서열 구조 때문에 초등학교에서 고등학교까지 12년 내내 시험에만 매달리게 됩니다. 그래서 한국의 학교들은 '시험지옥'에서 벗어나지 못하는 것입니다.

학교를 시험지옥으로 만드는 대학 서열 구조

이 지독한 시험지옥의 결과는 무엇일까요? 교육이 죽어 가고 있습니다. 대학교가 죽어 가고 있고, 덩달아 중·고등학교도 죽어 가고 있습니다. 그런데 좀 이상한 이야기 아닌가요? 그토록 대학을 중요하게 여겨서 대학 입학시험에 인생을 거는데, 대학교가 죽어 간다니요? 그 비싼 등록금을 내면서까지 대학교 졸업장을 따려고 안달인데, 대학교가 죽어 간다니요?

안타깝게도 그렇습니다. 한국의 대학교는 제 역할을 못 하고 있습니다. 어느 나라든 대학을 통해 새로운 지식과 과학 기술, 문화가 생겨납니다. 그러려면 대학이 자유롭고 창조적인 학문 연구 기관이 되어야 합니다. 그러나 한국의 대학은 그렇지 못합니다. 왜냐고요? 대학을 가는 주된 목적이 학문을 갈고닦는 데 있지 않기 때문입니다. 남보다 돈을 더 많이 벌고 권력을 더 많이 누리는 일자리를 얻는 수단으로 대학교에 가기 때문입니다.

서열 구조의 위쪽에 있는 대학교 졸업장을 갖고 있으면 좋은 직장에 갈 수 있으니, 이런 대학을 '좋은' 대학이라 생각합니다.

하지만 대학교의 원래 역할로 보면 결코 좋다고만 말할 수 없습니다. 더 나은 직장에 가기 위해 졸업장을 따는 것이 가장 큰 목적이라, 관심 있는 학문 주제를 연구하기보다는 학점을 잘 따는 데 급급합니다. 다들 중·고등학교 시절부터 시험공부에만 익숙해져서, 자유롭고 창의적인 학문 연구도 잘하지 못합니다. 그러다 보니 한국의 대학은 한국 사회에 필요한 지식과 과학 기술, 문화를 만들어 내는 역할을 제대로 하지 못합니다.

대학교뿐만 아니라 중·고등학교도 황폐해지고 있습니다. 초등학교부터 고등학교까지 오직 대학 입학시험에 대비하면서 공부해야만 하기 때문입니다. 학교는 아예 시험을 보기 위해 가는 곳이 되었고, 정작 시험공부는 학원에서 합니다. 학교는 학교다운 역할을 제대로 못 하고, 입시 학원들만 성장합니다.

이런 불행한 일이 더는 반복돼선 안 됩니다. 대학 서열 구조와 시험지옥을 반드시 끝내야 합니다. 한국의 대학이 정말 제대로 된 학문 연구를 하면서 더 나은 세상을 만드는 데 이바지하는 곳이 되기 위해서라도 대학 서열 구조는 꼭 뜯어고쳐야만 합니다.

어떻게 바꿔야 하냐고요? '서열화'의 반대인 '평준화'를 하면 됩니다. 초등학교나 중학교에 등수를 매기지 않듯이, 대학교도 그렇게 만들면 됩니다. 피라미드를 무너뜨려 평평하게 바꾸는 것입니다.

앞서 소개했던 독일에는 우리나라 같은 대학 입학시험이 없습니다. 입학시험 성적에 따라 대학을 골라 들어가지 않습니다. 그 대신 대학 입학 '자격' 시험만 있습니다. 이 시험에서 어느 정도 성적만 맞으면 어느 대학에든 들어갈 수 있습니다.

독일 학생들은 그럼 어떻게 대학을 골라 들어갈까요? 자기가 사는 곳에서 가장 가까운 대학교에 들어가면 됩니다. 어느 대학에 들어가든 다른 대학의 수업을 함께 들을 수 있습니다. 또한 자기가 공부하고 싶은 학문을 가장 잘하거나 배우고 싶은 교수가 있는 대학으로 옮겨 갈 수 있습니다. 어느 대학 졸업장이 다른 대학 졸업장보다 좋다거나 나쁘다는 생각이 없으므로, 이렇게 여러 대학교를 자유롭게 옮겨 다닐 수 있는 것입니다.

대학 평준화로 시험지옥을 끝내자!

우리나라처럼 시험지옥이었다가 지금은 많이 바뀐 나라도 있습니다. 바로 프랑스가 그렇습니다. 프랑스에서는 1960년대 말, 수많은 학생이 거리에 나와 교육 제도가 잘못됐다고 목소리를 높였습니다. 대학생과 중고생들이 교육 문제를 놓고 직접 정치 활동을 벌인 것입니다. 그러자 프랑스 정부가 이런 학생들의 목소리를 받아들여 대학 서열 구조를 뜯어고치기 시작했습니다. 그래서 오늘날의 파리 1대학, 2대학, 3대학 등으로 불리는 평준화된 대학교들이 탄생했습니다. 서열화한 '좋은' 대학이 있기보다, 1대학은 어느 학과가 유명하고 2대학은 어느 학과가 유명하다는 구별만 있습니다.

프랑스에도 여전히 그랑제콜처럼 상위권 1~2%의 부유한 학생들만 갈 수 있는 학교도 있고, 예전처럼 대학을 서열화해서 경쟁력을 높여야 한다는 목소리도 점점 높아지고 있습니다. 하지만 여전히 모두에게 질 높은 대학 교육을 제공하고, 출신 대학에 따라 차별하는 일은 없어야 한다는 원칙이 강하게 버티고 있습니다.

우리나라의 시험지옥도 분명히 바뀔 수 있습니다. 한국에서도 교육 제도를 바꿔야 한다고 생각하는 학생, 학부모, 교사 등 뜻있는 시민들이 나서면 시험지옥을 끝낼 수 있습니다. 대학 서열 구조를 없애고 제대로 된 대학교를 만들어 낼 수 있습니다. 바로 정치를 통해서 말입니다.

> **생각 더하기**
> 우리나라 교육 제도의 문제점이 무엇인지 이야기해 봅시다. 다른 나라 교육 제도와 비교해 가장 큰 문제는 무엇일까요? 그리고 이런 문제를 해결하기 위해 지금 나는 무엇을 할 수 있을지도 생각해 봅시다.

11 | 집 욕심도, 집 걱정도 없는 사회

사람에게는 땅이 얼마나 필요한가

러시아 소설가 레프 톨스토이는 《전쟁과 평화》, 《안나 카레니나》 같은 아주 긴 소설로 유명합니다. 그런데 감명 깊은 짧은 이야기도 많이 썼습니다. 그중에서도 〈사람에게는 땅이 얼마나 필요한가〉라는 제목의 단편 소설이 인상적입니다.

줄거리는 대략 이렇습니다. 파홈이라는 성실한 농부가 있었습니다. 다른 데 한눈팔지 않고 농사일만 열심히 하는 사람이었고, 쓸데없는 욕심도 별로 없었습니다. 하지만 단 한 가지 욕심이 있었습니다. 땅 욕심이었지요. 파홈은 늘 농사지을 땅이 더 많이 있었으면 하고 바랐습니다.

그러다 유목민인 바시키르 사람들이 싼값에 땅을 판다는 이야기를 들었습니다. 유목민이란 넓은 땅에 가축을 풀어놓고 키우는 사람들로, 농사짓는 사람들과 달리 땅 욕심이 별로 없습니다. 그래서 헐값에 땅을 넘긴다는 것이었습니다. 파홈은 하늘이 준 기회라고 생각했습니다. 그래서 당장 바시키르 사람들을 찾아갔습니다.

가서 보니 정말 하늘이 준 기회가 맞았습니다. 바시키르 사람들은 파홈에게 하루 동안 돌아다닌 만큼 땅을 주겠다고 했습니다. 아침에 출발해 저녁에 돌아오면 그동안 돌아다닌 땅을 모조리 준다는 것이었습니다. 파홈은 기뻤습니다. 넓은 땅을 가지려고 멀리까지 달려갔습니다.

그런데 너무 멀리 가고 말았습니다. 땅을 가지려면 출발했던 곳으로 다시 돌아와야만 하는데, 어느새 해는 점점 기울고 있었습니다. 파홈은 출발한 곳으로 돌아가려고 온 힘을 다해 뛰었지만, 이미 있는 힘을 다 쓴 상태였습니다. 파홈은 결국 쓰러졌고, 그 자리에서 숨을 거두었습니다.

바시키르 사람들은 파홈을 묻어 주었습니다. 죽은 파홈에게는 무덤으로 쓸 2미터 정도의 땅만 필요했습니다. 땅을 많이 가지려는 욕심 때문에 죽고 말았는데, 죽어서 보니 파홈에게 필요한 땅은 딱

2미터였습니다. 인간에게 필요한 땅이 꼭 그 정도였던 것입니다.

위에 쓴 내용은 간략한 줄거리일 뿐이고, 톨스토이가 쓴 본래 이야기는 훨씬 흥미진진합니다. 하지만 줄거리만으로도 충분히 생각할 거리를 던지는 것 같습니다. 우리 주위에도 수많은 파홈이 있지는 않나요?

러시아 농부의 땅 욕심, 한국 사람들의 집 욕심

물론 옛날 러시아와 지금의 우리나라는 사정이 다릅니다. 우리나라는 이미 대다수의 사람이 농촌이 아니라 도시에 살다 보니, 땅 욕심보다 집 욕심이 더 큽니다. 파홈이 살던 러시아 농촌에서는 땅 많은 사람이 가장 큰 부자였다면, 우리나라에서 가장 부러움을 사는 부자는 집이 많은 사람입니다.

요즘 우리나라에서는 집을 여러 채 갖고 있으면 아주 손쉽게 큰돈을 벌어들일 수 있습니다. 자기 가족이 직접 살고 있지 않은 집을 전세나 월세로 다른 가족에게 빌려주면, 임대료라는 이름으로 돈을 받을 수 있습니다. 또 집값이 계속 오르다 보니 싼값에 집을 사고 오른 값으로 팔아넘겨 큰 이익을 얻는 일도 잦습니다. 별다른 일을 하지 않고도 집을 갖고 있다는 이유만으로 돈을 벌 수 있는 것입니다.

　이런 사람들이 몇 명이나 될까요? 2018년에 조사한 결과, 집을 두 채 넘게 가진 사람이 220만 명 정도였습니다. 집을 한 채라도 가진 사람은 1400만 명이었으니까, 대략 집이 있는 사람 7명 가운데 1명은 두 채 넘게 갖고 있는 셈입니다. 그중에는 집을 10채 넘게 가진 사람도 거의 4만 명이나 됩니다.

　이렇게 집 부자가 많은 현실을 뒤집어 생각해 볼까요? 그만큼 자기 집이 없는 사람들이 많다는 말이 됩니다. 역시 2018년에 조사한 결과에 따르면, 우리나라 전체 가족 가운데 자기 집이 있는 가족은 56.2%입니다. 열 가족 중에 여섯 가족 좀 안 되게 자기 집이 있다는 말입니다. 바꿔 말하면 열 가족 중에 네 가족 좀 넘게 자기 집이 없습니다. 자기 집이 없는 가족은 다른 사람 집에 살아야 합니다. 위에서 말한 임대료라는 이름으로 집주인에게 집을 빌려서 돈을 내며 살아야 합니다. 그런데 이 돈이 만만치 않습니다. 한 달 동안 열심히 번 돈 가운데 상당 금액을 임대료, 또는 임대료를 내기 위해 빌린 은행 빚을 갚는 데 써야 합니다. 그러다 보니 돈을 저축해 나중에 자기 집을 산다는 것은 꿈도 꾸기 힘듭니다. 당장 이번 달에 집주인에게 임대료로 줘야 할 돈을 벌기도 힘에

부치기 때문입니다.

정말 거꾸로 된 세상 아닙니까? 이미 집이 많이 있는 부자는 그 집을 남에게 빌려줘 땀 흘리지 않고도 많은 돈을 법니다. 반면에 집이 없는 가난한 사람들은 땀 흘려 일해서 그 돈을 집 부자에게 임대료로 가져다 바쳐야 합니다. 부자가 가난한 사람들을 쥐어짜 더 부자가 되는 격입니다.

그러다 보니 누구나 집 부자를 제일 부러워합니다. 집 한 채 갖는 게 최대 소원이 되고, 일단 집을 갖게 되면 더 많은 집을 가진 부자가 되고 싶어 합니다. 어린 학생들의 장래 희망이 대통령이나 과학자, 연예인도 아닌 '건물주'라는 씁쓸한 농담이 나온 지도 오래되었습니다. 어쩌면 지금 더 많은 집을 갖길 바라는 한국 사람들의 모습은 땡볕 속에서 들판을 뛰는 파홈과 비슷해 보일지도 모르겠습니다.

정치를 통해 집 욕심도, 집 걱정도 줄일 수 있다

이런 이야기를 하면, 사람은 원래 욕심이 많아 어쩔 수 없다고 답하는 사람들도 있습니다. 물론 사람은 다 어느 정도 욕심이 있습니다. 하지만 그렇다고 해서 모든 일을 각자의 욕심껏 다 해도 된다는 뜻은 아닙니다. 내 욕심만 부리다가는 다른 사람에게 해를 끼치게 되니까요. 그래서 사람의 욕심에는 족쇄를 채울 수 있습니다. 어느 선까지는 욕심대로 할 수 있지만 그 선을 넘으면 절대 안 된다고 약속하고, 이 약속을 어기지 못하게 막으면 됩니다. 바로 이런 일을 하는 게 '법'이고 '정치'입니다.

어떻게 하면 정치를 통해 집 욕심을 줄일 수 있을까요? 예를 들면 세금 제도를 이용할 수 있습니다. 국가는 모든 국민이 번 돈 가운데 일정 비율의 돈을 세금으로 거둬들입니다. 이렇게 거둬들인 세금으로 시민의 안전과 복지를 지키는 다양한 일을 합니다. 국민

저렇게 집이 많은데 왜 우리 집은 없는 걸까?

이라면 누구나 국가에 세금을 낼 의무가 있지요. 그런데 부자나 가난한 사람이나 차이 없이 다 같은 비율로 세금을 내기보다는, 어느 나라든 더 많이 버는 사람에게 더 높은 비율로 세금을 매깁니다. 불평등을 줄이기 위해서지요. 이런 것을 '누진세'라고 합니다.

이 방법은 집 문제에도 그대로 적용됩니다. 집을 한 채라도 갖고 있으면 누구나 세금을 내게 하는 것입니다. 다만 지금 살고 있는 집 한 채만 가진 가족에게는 적은 세금을 물립니다. 집을 두 채 넘게 가진 가족에게는 훨씬 더 많은 세금을 물리고요. 다른 가족에게 집을 빌려줘서 거둬들이는 임대료로도 감당하기 힘들 정도로 많은 액수를 세금으로 내게 합니다.

그러면 어떻게 될까요? 임대료를 올려 받아서 그 돈으로 세금을 내려는 집 부자들도 있겠지요. 그렇게 되면 집을 빌려서 사는 사람들이 오히려 힘들어질 수도 있습니다. 이것을 막으려면 집 부자에게 걷는 세금을 올리면서, 동시에 집 부자들이 임대료를 올리지 못하게 법률로 정해야 합니다.

이렇게 되면 이제 집 부자들에게 남은 방법은 하나밖에 없습니다. 두 채 이상 갖고 있던 집들을 팔아 치우는 거지요. 임대료로 얻는 이익보다 세금 내느라 쓰는 비용이 크다면 당연히 팔아 치우는 게 더 낫습니다. 그러면 예전보다 싼 가격에 팔리는 집들이 많아지면서 집 없는 가족이 자기 집을 살 수 있게 됩니다.

게다가 국가가 집 부자들에게 걷은 세금을 공공 주택을 짓는 데 쓸 수도 있습니다. 공공 주택이란 국가나 지방자치단체가 집 없는 사람들에게 빌려주는 집입니다. 국가가 빌려주니 당연히 임대료도 쌉니다. 이런 방식을 통해서도 집 없는 사람들의 집 걱정을 덜 수 있습니다.

집 부자 아닌 다수의 시민들이 힘을 모으면, 정치를 통해 이렇게 집 문제를 시원하게 해결할 수 있습니다. 세금 제도나 공공 주택 제도를 통해 집 부자들의 집 욕심을 줄이면 가난한 이들의 집 걱정도 줄일 수 있습니다. 파홈처럼 뜨거운 태양 아래에서 광야를 헤맬 필요가 없습니다. 시민들이 집 문제를 해결하기 위해 정치에 눈을 뜨기만 한다면 말입니다.

생각 더하기

집은 사람들이 살기 위해 꼭 필요한 것이지만, 한편으로 사람들이 사고팔면서 돈을 벌 수 있기도 합니다. 이 두 성격 가운데 어느 쪽이 더 중심이 되어야 할까요? 그리고 어느 한쪽이 중심이 되려면 국가가 어떤 정책을 펴야 할까요?

12 | 의료는 돈벌이 수단이 아닌 시민의 권리

건강 보험 제도가 없을 때 생기는 일

2020년, 새로운 바이러스가 온 세상을 뒤흔들었습니다. 전에 없던 강력한 바이러스가 삽시간에 세계 모든 나라로 퍼져 사회 곳곳을 마비시켰지요. 바로 코로나바이러스입니다. 코로나바이러스에 감염되면 어떤 사람은 감기처럼 며칠 앓다가 회복되는가 하면, 어떤 사람은 숨도 제대로 못 쉬며 고통받다가 죽음에 이르기도 합니다. 그래서 우리나라를 비롯해 세계 여러 나라는 감염자가 발생하자마자 곧바로 회사와 학교의 문을 닫고 바이러스가 널리 퍼지지 않도록 노력했지요.

한데 나라마다 커다란 차이가 나타났습니다. 바이러스에 감염

된 사람들이 늘어나다가 어느 수준에 이르면 잠잠해지는 나라도 있었지만, 몇 달 동안 날마다 수천 명이 감염되고 날마다 수백 명이 사망하는 나라도 있었습니다. 다행히도 우리나라는 앞의 경우에 속했습니다. 그러나 전 세계에서 가장 부자 나라라는 미국은 뒤의 경우에 해당했습니다. 미국에서도 제일 화려한 도시인 뉴욕에서는 환자가 너무 많이 생기는 바람에 병원들이 진료도 제대로 하지 못했습니다. 사망자가 하도 많아 장례도 변변히 치르지 못하는 비극까지 벌어졌고요.

어째서 이런 차이가 나타났을까요? 단순히 잘살고 못사는 게 이유가 아닌 것은 틀림없습니다. 그저 돈 때문이라면, 하필이면 부자 나라인 미국이 코로나바이러스에 더욱 심각하게 흔들린 이유를 설명할 수 없습니다. 도대체 미국과 다른 나라들 사이에는 어떤 중요한 차이가 있었던 것일까요?

이유는 바로 건강 보험 제도에 있습니다. 세계 여러 나라에는 국가가 운영하는 건강 보험 제도가 있습니다. 그러나 미국은 잘사는 나라 가운데 거의 유일하게 이런 제도가 없습니다. 미국이 코로나바이러스 대유행에 제대로 대응하지 못한 것은 바로 이 때문입니다.

아플 때 누구나 치료받을 수 있도록!

누구나 병원을 떠올리면 기분이 썩 좋지는 않습니다. 그래도 누구나 언젠가는 아프기 마련이고, 그때는 꼭 병원에 가야 합니다. 그래야 의사 선생님에게 어떤 병인지 진단받고 알맞은 치료를 받아 빨리 나을 수 있겠죠.

그런데 혹시 병원에 가서 이상하다고 생각해 본 적은 없나요? 병원에 가면 병원비, 즉 돈을 내야 합니다. 약국에 가서 약을 탈 때도 마찬가지로 약값을 내야 합니다. 뭐가 이상하냐고 고개를 갸우뚱하는 친구들도 있을 것입니다. 가게에 가서도 물건을 사면서 돈을 내니까, 병원에서도 마찬가지 아니냐고 말입니다.

그런데 한번 생각해 봅시다. 병원에 갈 때마다 돈을 내야 한다면, 결국 누가 돈이 제일 많이 들까요? 그야 가장 많이 아픈 사람들이겠지요. 그런데 아픈 사람 중에는 형편이 어려운 사람이 많습니다. 평소에 부지런히 일해 돈 걱정 없던 사람도, 아프면 그만큼 일을 못 하게 되어 돈에 쪼들립니다. 게다가 가난한 사람들일수록 일하느라 바빠서 제때 치료하지 못하고 더 큰 병에 걸리기도 합니다. 또는 생계를 위해 힘들고 위험한 일을 하다가 병원 신세를 지는 경우도 많습니다. 한편 나이가 들어 할머니 할아버지가 되면 아픈 데가 많아집니다. 그런데 할머니 할아버지는 젊은 사람에 비해 돈을 벌기가 힘듭니다.

곰곰이 따져 보면 아무래도 더 많이 아픈 사람일수록 더 많은 돈을 써야 한다는 건 말이 안 되는 것 같습니다. 그렇게 되면 아픈 데도 돈이 없어 병원에 못 가는 사람들이 생길 것입니다. 하지만 사람이라면 누구나 언젠가는 아프기 마련이고, 아플 때는 돈이 있으나 없으나 상관없이 제대로 치료받아야 합니다. 의료, 그러니까 아픈 사람을 고치는 일은 돈벌이가 되어선 안 됩니다. 사람이면 누구나 당연히 누리는 권리가 되어야 합니다.

그럼 이런 방법은 어떨까요? 아픈 사람이 병원에 갈 때만 돈을 내는 게 아니라, 평소에 모든 사람이 다 조금씩 돈을 내서 모으는 것입니다. 지금 당장 아프건 그렇지 않건 상관없이, 누구나 자기가 버는 돈에서 조금씩 떼어 사회 전체의 의료비로 모아 두는 것입니다. 그래서 아픈 사람이 생기면 이렇게 모아 둔 돈에서 약값, 입원비, 수술비를 내는 겁니다. 그럼 누구나 다 병원비 걱정 없이 치료받을 수 있겠지요.

아마 이 대목에서 다시 고개를 갸우뚱하는 친구들이 있을지도 모르겠습니다. 내가 언제 얼마나 아플지 확실히 모르고 지금 다른 데 돈 쓸 곳도 많은데 평소에 꼭 돈을 모아야 하냐고 말입니다. 아플 때 각자 알아서 모아 둔 돈을 쓰면 되는 거 아니냐고 생각할 수도 있지요. 그런데 건강 보험에서 돈을 모으는 방식은 조금 다릅니다. 아픈 사람일수록 더 많은 돈을 내는 게 아닙니다. 이렇게 사회 전체가 의료비를 모을 경우에는 돈을 더 많이 버는 사람일수록 더 많은 돈을 내게 됩니다. 아플수록 더 많이 내는 게 아니라 부자일수록 더 내는 것입니다. 가난한 사람도 평소에 자기가 낼 수 있

는 만큼만 돈을 내다가, 병이 나면 돈 걱정 없이 병원에 가면 됩니다. 이게 사람 사는 세상에 더 어울리는 방식 아닐까요?

그럼 돈 많은 사람만 너무 희생하는 것 아니냐고요? 그렇지 않습니다. 돈 많은 이들도 병이 들면 건강 보험 제도 덕을 볼 수 있지요. 나이 들어 돈벌이가 없어도, 희귀한 병에 걸려 치료비를 지나치게 많이 내야 해도, 그간 사회 전체가 모은 의료비로 치료받을 수 있습니다. 절대 일방적으로 희생만 하는 게 아닙니다. 게다가 부자들은 건강 보험 제도를 통해 자기 자신도 혜택을 보면서, 남들이 병원비 걱정을 덜도록 돕는 역할까지 하는 셈입니다. 아픈 사람이 누구나 제대로 치료받을 수 있는 안전하고 건강한 사회가 되면

돈이 없어 병원에 못 간다면…

그 이익이 또 모두에게 골고루 돌아가고요. 자기도 좋고 남도 좋게 하니, 세상에 이렇게 훌륭한 제도가 또 어디 있겠습니까.

이러한 제도가 바로 '건강 보험' 또는 '의료 보험' 제도입니다. 우리나라를 비롯해 많은 나라에는 이런 건강 보험 제도가 있습니다. 시민이라면 누구나 국가가 운영하는 건강 보험에 자기가 번 돈 일부를 꼬박꼬박 보험료로 냅니다. 마치 세금처럼 말이지요. 그러다 아파서 병원에 갈 일이 생기면 환자 개인이 아니라 건강 보험으로 병원비를 냅니다. 물론 개인도 병원비 일부를 내기는 합니다. 하지만 현재 우리나라의 경우를 보면 적어도 반 이상은 건강 보험이 병원비를 책임집니다.

한데 미국에는 지금도 이 제도가 없습니다. 그러다 보니 병원비가 비싸게 나와도 환자 개인이 다 책임져야 합니다. 가난한 사람들은 병원비 때문에 병원에 가길 꺼릴 수밖에 없습니다. 코로나 바이러스가 유행해도 가난한 이들은 병원비가 무서워 아예 병원을 찾지 않았습니다. 그렇게 되니 감염된 이들 중 많은 수가 제때 치료받지 못한 채 바이러스를 다른 이들에게 옮겼습니다. 이 때문에 결국 미국에서는 다른 어느 나라보다 빠른 속도로 바이러스가 퍼지고 말았습니다.

'소수 부자들의 정치' 대 '다수 시민들의 정치'

그럼 왜 미국에는 아직도 건강 보험 제도가 없는 것일까요? 미국에서도 당연히 대다수 시민은 국가가 운영하는 건강 보험 제도가 생기길 바랍니다. 그러나 이런 수많은 시민의 바람을 가로막을 수 있을 정도로 강력하게 건강 보험 제도 도입에 반대하는 이들이 있습니다. 누굴까요? 의료가 시민의 권리가 아니라 계속 돈벌이 수단으로 남길 바라는 사람들입니다.

첫 번째로는 민간 보험 회사들이 있습니다. 오랫동안 국가가 운영하는 건강 보험이 없었던 탓에, 그나마 여유가 있는 미국 사람들은 민간 보험 회사가 운영하는 보험에 가입했습니다. 어쩔 수 없이 아주 비싼 보험료를 내면서 말입니다. 덕분에 미국의 민간 보험 회사들은 엄청난 돈을 벌어들였습니다. 만약 미국에도 국가가 운영하는 건강 보험이 생긴다면, 이 회사들은 어떻게 되겠습니까? 수입이 갑자기 뚝 떨어지겠지요.

두 번째로는 대형 병원이나 제약 회사들이 있습니다. 그간 미국의 대형 병원이나 제약 회사들은 병원비, 약값 등등을 마음껏 올리면서 막대한 이득을 챙겼습니다. 의료를 공공 목적보다 돈벌이 수단으로 여기기 때문입니다. 미국에서도 의료가 시민의 권리라는 생각이 뿌리내리게 되면, 더는 이런 장사를 하기 어려울 것입니다.

실은 이게 미국만의 이야기는 아닙니다. 다른 나라에서도 건강 보험 제도를 처음 만들려고 할 때, 의료를 돈벌이 수단으로 여기는 이들이 강력히 반대하고 나섰습니다. 그런데도 건강 보험 제

도를 도입할 수 있었던 것은, 의료가 시민의 권리라 여긴 시민들이 힘을 모아 건강 보험 제도에 반대하는 이들보다 더 큰 목소리를 냈기 때문입니다. 다수의 가난한 이들이 굳게 단결하여, 소수의 힘세고 부유한 이들이 물러서지 않을 수 없게 만들었던 것입니다. 안타깝게도 미국에서는 아직 소수 부자가 다수 시민의 목소리에 완강히 맞서고 있지만 말입니다.

오늘날 시민의 당연한 권리라 인정받는 의료, 보육, 교육, 교통 등에는 다 이와 같은 사연이 있습니다. 이런 일들을 돈벌이 수단으로 여기는 소수 부자에 맞서 싸운 다수 시민의 정치가 있었습니다. 그리고 지금도 수많은 또 다른 문제를 두고 소수 부자들과 다수 시민들 사이의 '정치적 대립'은 계속되고 있습니다.

생각 더하기

건강 보험 제도는 확실히 가난한 사람에게 더 유리한 제도입니다. 건강 보험 제도 말고도 부자들이 더 많은 돈을 내서 다른 많은 사람이 혜택을 보게 하는 복지 제도들이 여럿 있습니다. 그렇다면 이런 복지 제도에는 어떤 것들이 있을까요? 복지 제도가 실시되면 부자들은 과연 손해만 볼까요, 아니면 그들에게도 좋은 점이 있을까요?

13 | 일하는 시민들의 정치적 무기, 노동조합

바캉스에 담긴 정치

여름을 흔히 휴가철이라고 합니다. 무더운 여름이 되면 직장에 다니는 사람들은 휴가를 받아 여행을 떠나곤 합니다. 이러한 여름휴가를 '바캉스'라 말하기도 합니다. 바캉스는 본래 프랑스 말입니다. 그만큼 여름휴가 하면 제일 먼저 떠오르는 나라가 프랑스입니다.

그도 그럴 것이 프랑스에서는 여름만 되면 파리 같은 큰 도시들이 텅 빈다고 합니다. 다들 휴가를 받아 시골이나 다른 나라로 여행을 떠나므로, 남아 있는 사람이 거의 없는 것입니다. 휴가도 엄청나게 깁니다. 월급을 받으면서도 직장을 쉴 수 있는 날을 '유급 휴가'라고 하는데, 프랑스에서 법률로 정한 유급 휴가는 평일만 한 달, 30일입니다. 주말을 포함하면 5주 동안이나 쉴 수 있습니다. 휴가가 이렇게나 길다면 세계 여행도 어렵지 않겠지요.

한데 원래부터 이랬던 것은 아닙니다. 19세기나 20세기 초반에는 프랑스에도 유급 휴가 제도가 없었습니다. 그 시절에 프랑스 노동자들은 무더운 여름에도 쉬지 않고 공장이나 사무실에 나와 일해야 했습니다. 그러다 1936년에 최초로 유급 휴가 제도가 생겼습니다. 처음에는 유급 휴일이 1년에 2주 정도였습니다. 하지만 세월이 지나면서 점점 늘어나 이제는 한 달이 넘게 된 것입니다.

우리나라에도 유급 휴가 제도가 있습니다. 1년에 15일로, 프랑스에서 백 년 전에 유급 휴가가 처음 도입됐을 때 수준입니다. 지금의 프랑스처럼 한 달이 되려면 아직 멀었습니다. 그래도 미국에 비하면 훨씬 낫습니다. 미국은 어쩌면 프랑스보다도 더 돈 많은 나라라고 할 수 있는데, 유급 휴가 제도가 없습니다. 물론 여름휴가가 있는 회사도 있지만, 없는 회사가 더 많습니다. 노동자에게 1년에 얼마 동안의 유급 휴가를 주어야 한다고 정한 법률이 없기 때문입니다.

미국 사람들은 전 세계에서 가장 해외여행을 많이 떠나는 편입니다. 그러나 해외여행을 다니는 미국 사람은 미국 국민 가운데 일부일 뿐입니다. 돈 많은 사람들만 그렇게 여행을 다닐 수 있고, 나머지 미국 국민은 그렇지 못합니다. 먹고살기 위해 직장에 다녀야 하는 미국의 서민들은 장기 여행을 떠나고 싶어도 그럴 수 없습니다. 유급 휴가 제도가 없기 때문이지요.

이것은 앞에서 살펴본 건강 보험 제도만큼이나 중요한 차이입니다. 어째서 나라마다 이렇게 달라진 것일까요? 무엇보다 프랑스에서는 어떻게 백여 년 전에 유급 휴가 제도를 도입하게 된 것일까요?

한 달이 넘는 유급 휴가 제도는 어떻게 생겼을까?

책 앞부분을 열심히 읽은 친구들이라면 이렇게 답할지 모르겠습니다. "프랑스에서 노동자의 권리 확대를 바란 사람들이 정당을 만들어 유급 휴가 제도 같은 것을 앞장서서 주장하지 않았을까요? 독일에서 정치적 평등을 경제-사회적 평등으로 확장하길 바란 사람들이 사회민주당을 만들고 키워서 교육 제도를 바꾼 것처럼 말이에요. 그런 정당이 선거에서 승리해서 유급 휴가를 법률로 정했을 것 같아요!"

맞습니다. 프랑스에서도 정치적 민주주의가 사회적 민주주의로 확대돼야 한다고 생각한 사람들이 독일의 사회민주당과 비슷한 정당을 만들었습니다. 프랑스에서는 이 정당의 이름을 '사회당'이라고 했지요. 사회당 말고도 비슷한 주장을 하는 프랑스의 정당들이 더 있습니다. 이러한 정당들이 1936년에 함께 힘을 모아 선거에서 이겼습니다.

앞에서 1936년에 프랑스에서 유급 휴가 제도가 처음 실시됐다고 했지요? 사회당과 그 밖의 정당들이 함께 집권하자마자 곧바로 이를 법률로 정한 것입니다. 프랑스 시민들도 정당을 만들어 세상을 좀 더 나은 방향으로 바꿨음을 알 수 있습니다.

그런데 1936년에 프랑스 노동자들의 권리를 대폭 확대하는 데 큰 역할을 한 것은 정당뿐만이 아니었습니다. 시민들이 만든 또 다른 조직인 노동조합도 큰 역할을 했습니다. 1936년 선거에서 노동자가 인간다운 대접을 받아야 한다고 주장하는 정당들이 선거에서 이기자, 프랑스 노동자들은 다들 뛸 듯이 기뻐했습니다. 기쁨에 들뜬 노동자들은 선거에서 이긴 정당들이 정부를 구성하여 법률을 논의하고 통과시킬 때까지 참을 수가 없었습니다. 누가 시키거나 미리 짜 놓은 것도 아닌데, 많은 노동자들이 파업을 시작했습니다. 프랑스의 수많은 공장과 사무실에서 노동조합이 파업에 나섰습니다.

　일손을 놓은 노동자들은 그동안 가슴에 품고만 있던 말들을 꺼냈습니다. "월급을 올려라! 노동 시간을 줄여라! 우리도 저녁에 아이들이랑 좀 놀아 보자! 노동조합에 더 많은 권리를 인정하라!" 노동자들은 공장과 사무실 곳곳에 이런 말들을 적고 잔치를 벌였습니다. 음악을 연주하고 춤을 추었습니다. 노동자들의 요구를 들어줄 때까지 일하지 않고 축제를 계속하겠다고 했습니다.

　처음에는 일부 지역의 몇몇 공장에서만 파업이 벌어졌지만, 며칠이 지나자 프랑스 전체에서 거의 모든 공장의 기계가 멈추었습니다. 몇 주 만에 수백만 명의 노동자가 파업에 동참했습니다. 프랑스 전체가 일손을 놓은 셈입니다. 그러자 그간 노동자들을 업신여기던 사장들도 잔뜩 겁이 났습니다. 노동자들의 요구를 들어주지 않다가는 또 어떤 일이 벌어질지 알 수 없었습니다. 새 정부도 노동자 편이었으니까요.

　그래서 파리에 있는 마티뇽 호텔이라는 곳에서 프랑스 전역의 사장 대표들과 노동자 대표들이 만나 약속을 했습니다. 사장 대표들은 노동자들이 파업 중에 요구한 내용을 대부분 받아들였습니다. 임금은 올리고 노동 시간은 줄였습니다. 그리고 유급 휴가 제

도를 도입하기로 약속했습니다. 이 약속을 '마티뇽 협정'이라 합니다. 마티뇽 협정의 내용은 곧바로 의회에서 새로운 법률로 채택됐습니다. 덕분에 그해부터 프랑스 노동자들은 처음으로 여름에 2주 동안 월급을 다 받으며 휴가를 떠날 수 있게 되었습니다.

일하는 시민들에게 꼭 필요한 조직, 노동조합

혹시 프랑스 노동자들이 왜 굳이 대규모 파업까지 벌였느냐고 묻는 친구도 있을지 모르겠어요. 노동자 편에 선 정당들이 선거에서 이겼으니, 새 법률이 통과될 때까지 기다려도 되지 않았겠느냐고 말이죠.

그러나 가만히 기다리기에는 당시 프랑스 노동자들의 사정이 너무 절박했습니다. 가난에 시달리는 노동자 가족들에게 조금이라도 숨통을 틔워 주려면 하루라도 더 빨리 임금을 올려야만 했습니다. 노동 시간을 줄이고 여름휴가를 얻는 것 역시 인간다운 삶에 가까워지기 위해 지금 당장 꼭 필요한 일이었습니다.

이런 상황에서 프랑스 노동자들은 정당뿐만 아니라 노동조합을 통해 변화를 앞당겼던 것입니다. 여기에서 우리가 기억해야 할 것은, 시민들이 자신의 정치를 위해 반드시 있어야 하는 조직이 정당뿐만이 아니라는 점입니다. 노동조합도 정당만큼이나 중요합니다.

노동조합이란 노동자들이 함께 모여 목소리를 내기 위해 만든 단체를 말합니다. 여기서 노동자란 누구일까요? 노동을 해서 그 대가로 임금을 받으며 살아가는 사람들을 뜻하지요. 여러분은 미래에 다양한 직업을 꿈꾸겠지만, 대다수는 노동자로 일하게 될 거예요. 몸을 써서 일하는 사람도, 사무실에 앉아 서류를 만드는 사람도, 예술 활동을 하는 사람도 모두 노동자라고 할 수 있지요.

한편 노동자를 고용하여 기업을 경영하고 이익을 남기는 사람들을 사용자 또는 자본가라고 합니다. 이들은 노동자보다 수가 훨씬 적지만, 많은 재산을 통해 계속 더 많은 돈을 벌어들입니다. 그러다 보니 자본가들의 목소리가 노동자들의 목소리를 압도하기 마련입니다. 이것을 막으려면 일하는 시민들이 자신들의 정당을 만들어야 합니다. 하지만 정당만으로는 부족합니다. 일하는 시민들은 일터에서 목소리를 내기 위해 노동조합을 만들고 키워나가야 합니다.

어느 나라 헌법이든 시민들이 정치하는 데 꼭 필요한 조직으로 '정당'을 중요하게 다룹니다. 그와 더불어 또 하나 특별하게 다루는 조직이 바로 '노동조합'입니다. 노동자들이 노동조합을 자유롭게 만들고 키워 나갈 수 있게 해야 한다고 못 박고 있습니다. 우리나라 헌법도 마찬가지입니다. 그만큼 일하는 시민들에게 꼭 필요한 두 가지의 무기가 정당과 노동조합입니다.

노동자 한 명 한 명은 자본가보다 힘이 없지만, 노동조합으로 뭉쳐서 집단적으로 요구하면 대등한 힘이 생기지요. 노동조합은 한목소리로 사용자에게 임금을 올려 달라거나 여러 가지 노동 조건을 개선해 달라고 요구하고, 협상이 잘 되지 않으면 파업 같은 단체 행동을 벌이기도 합니다. 노동자들이 자유롭게 노동조합을 만들고, 노동조합이 사용자와 협상하고, 노동자의 권리를 지키기 위해 단체 행동을 할 권리는 우리나라를 비롯한 세계 여러 나라의 헌법에 보장되어 있습니다.

우리나라에서도 노동조합은 노동자들의 권리를 지키고 확대하기 위해 앞장서고 있습니다. 한국의 노동 시간은 세계에서 가장 길기로 유명했지만, 이것도 조금씩 줄어들고 있습니다. '주 5일 근무

제'가 정착한 것이 2천 년대 들어선 지도 한참 지나서이고, 몇 년 전만 해도 주말에도 일하고 밤늦도록 회사에서 근무하는 게 당연하게 여겨졌습니다. 하지만 지금은 일주일에 일하는 시간이 52시간을 넘지 못하도록 법으로 정해 놓고 있습니다. 아무리 일손이 달려도 일주일에 52시간이 넘도록 집에 안 보내고 밤늦게까지 일을 시키면 안 된다는 것이지요. 아직도 자본가들 가운데 상당수는 노동 시간을 이렇게 줄여 나가는 데 반대합니다. 하지만 노동조합의 끈질긴 노력으로 어렵게나마 노동 시간이 줄어들고 있습니다.

전 세계는 이제 일주일에 4일만 일하는 제도를 향해 가고 있습니다. 더 많은 노동자들이 힘을 모아 노력하면, 여러분이 어른이 될 즈음에는 우리나라에도 '주 4일 근무제'가 정착할지 모릅니다.

생각 더하기

한 회사의 노동자들끼리 뭉쳐서 만든 기업별 노동조합도 있지만, 같은 직업을 가진 사람들끼리 모여서 만든 노동조합, 여러 노동조합이 모여 만든 연합 단체 등 다양한 노동조합이 있습니다. 우리나라에는 어떤 노동조합이 있는지 조사해 봅시다. 우리나라의 노동조합이 노동자의 권리를 지키고 보장하기 위해 무슨 일을 하고 있는지 살펴보고, 우리 삶과 직접적으로 어떤 관계가 있는지 이야기해 봅시다.

14 | 수천 년 된 성 불평등을 뒤엎는 정치

성 불평등은 끝났다?

지구의 어느 곳이든 이제까지 인류 문명은 반쪽짜리 문명이었습니다. 이집트나 인도, 중국의 고대 문명도 그렇고, 현대사를 주름잡은 유럽이나 미국도 마찬가지입니다. 물론 우리 역사도 예외가 아닙니다. 바로 인류의 절반인 여성이 주인공이 되지 못했기 때문입니다.

위인전만 봐도 대개가 남성입니다. 오늘날에 가까이 와서야 조금씩 여성 인물이 등장합니다. 남성이 더 잘나서 그런 게 아닙니다. 수천 년 동안 여성이 억압받는 세상이었기 때문입니다. 부와 권력, 지식을 일부 남성이 독차지하고 여성은 집안일만 해야 했습니다. 수천 년 인류 역사에서 여성이 누구나 학교에 가고 일자리를 가지게 된 지는 100년도 채 되지 않았습니다.

그러면 이제는 여성의 처지가 완전히 뒤바뀌었을까요? 아닙니다. 오히려 예전보다 더 힘들어진 부분도 있습니다. 왜냐고요? 이제 여성들도 바깥에 나가 일하게 되었지만, 가사 노동의 부담이 그대로 여성에게만 남아 있기 때문입니다.

그래서 일하는 시민 중에서도 여성은 남성보다 더 무거운 짐을 짊어져야 합니다. 가사 노동을 가족 모두가 나눠 맡는 문화가 자리 잡지 못해, 여성 혼자서 집안일과 육아를 도맡아야 합니다. 회사에 나가 일할 때도 이것 때문에 차별받습니다. 여성은 아이를 낳느라 오래 일을 쉬어야 하고 항상 집안일에 신경 쓰느라 회사 일에 집중하지 못한다면서, 같은 일을 해도 월급을 남성보다 적게 줍니다. 남성에 비해 승진할 기회도 적습니다. 수천 년 묵은 여성의 불평등은 21세기에도 여전히 남아 있습니다.

우리 시대에도 계속되는 불평등

우리는 흔히 '일'이란 말을 들으면 집 바깥에서 돈을 벌기 위해 하는 일만 생각합니다. 공장이나 사무실에 나가 월급 받기 위해

하는 일 말입니다. 혹은 가게에서 장사하거나 논밭에서 거둔 작물을 내다 팔아 돈을 버는 등 직업과 관련된 것만 일이라고 생각하기 쉽지요.

그럼 집 안에서 하는 일들은 어떤가요? 장을 봐서 밥을 짓고, 설거지와 빨래도 해야 하며, 청소도 해야 합니다. 어린아이를 돌보는 일도 있습니다. 아픈 가족이 있으면 간호해야 하고, 할머니 할아버지도 몸이 불편하면 늘 곁에서 도와야 합니다.

이런 것들이 모두 가사 노동입니다. 종류가 정말 많지요? 하나같이 다 중요한 일입니다. 밥을 짓지 않으면 어떻게 먹고 사나요? 빨래나 청소를 하지 않으면 어떻게 밖에 나가서 건강하게 일할 수 있겠어요? 아기를 키우지 않으면 인간 세상이 대를 이어 계속될 수도 없습니다. 이 모든 일을 지금도 주로 여성이 맡고 있습니다.

그런데 집 안에서 하는 일은 집 바깥에서 하는 일만큼 대접받지 못합니다. 일단 집안일을 해서는 돈을 벌지 못합니다. 종일 밥 짓고 빨래하고 청소한다고 해서 누가 돈을 주지 않습니다. 많은 여성들이 집안일을 도맡아 하지만, 그런 역할이 당연하게 여겨지고 아무런 보상도 받지 못합니다. 게다가 집 바깥에서 일할 때도 여성은 여성이라는 이유로 남성에 비해 적은 임금만 받습니다. 뭔가 이상하지 않나요?

　이제는 생각이 바뀌어야 할 때입니다. 2018년, 우리나라 통계청에서 흥미로운 내용을 발표했습니다. 통계청은 나라 안에서 숫자로 표시할 수 있는 것은 뭐든 다 조사하고 정리하는 정부 기관인데, 만약 가사 노동에 다른 일들처럼 돈을 준다면 그 값어치가 얼마나 될지 조사했습니다. 그랬더니 무려 360조 원이라는 어마어마한 액수가 나왔습니다.

　너무 커서 가늠이 잘 안 되지요? 우리나라 모든 사람이 한 해에 벌어들이는 돈이 1400조 원 정도 됩니다. 그러니까 집안일에 액수를 매긴다면 그 값어치가 우리나라 모든 사람이 한 해에 벌어들이는 돈의 4분의 1이 넘는다는 이야기입니다. 더구나 통계청이 내놓은 액수도 실은 너무 적게 잡았다고 보는 사람들이 많습니다.

　그렇다면 이제는 집안일도 제대로 인정을 받아야 하지 않을까요? 오랜 성별 불평등을 해결하려면, 여성이 집안일을 하는 만큼 여러 가지 보상을 해 주거나, 회사에 나가 일할 때도 남성과 동등한 대접을 해야 할 것입니다. 그러자면 역시 정치를 통해 세상을 바꿔 나가야겠지요. 수천 년 된 성별 불평등을 없애는 정치가 꼭 필요합니다.

여성 정치의 힘을 보여 준 아이슬란드 여성 파업

그러나 여성 시민의 목소리는 아직 정치에 제대로 반영되지 못하고 있습니다. 우리나라 국회를 봅시다. 어느 나라든 시민의 절반은 여성입니다. 그렇다면 시민을 대표한다는 국회에도 절반은 여성 의원이어야 옳을 것입니다. 하지만 국회의원 중 여성은 5분의 1이 채 되지 않습니다.

다른 나라 상황도 예전에는 비슷했습니다. 그렇지만 남들보다 먼저 불평등을 해결하려고 노력해 온 나라도 있습니다. 아이슬란드도 그 가운데 하나입니다. 아이슬란드는 북극에 가까운 아주 작은 섬나라입니다. 그런데 이 나라에는 자랑스러운 기록이 하나 있습니다. 바로 세계 최초로 여성을 대통령으로 뽑은 나라라는 사실입니다. 1980년, '비그디스 핀보가도티르'라는 여성이 대통령이 됐습니다.

아이슬란드는 어떻게 이렇게 전 세계에서 가장 앞서 나갈 수 있었을까요? 비그디스 핀보가도티르가 대통령으로 뽑히기 5년 전인 1975년, 아이슬란드에서는 여성 총파업이 있었습니다. 앞서 노동자들이 다 함께 일손을 놓고 자본가에 맞서 싸우는 것을 파업이라고 했지요. 아이슬란드에서는 온 나라 여성들이 파업을 벌인 것입니다. 집에서 아이를 돌보던 가정주부도, 회사에 나가 일하던 여성 노동자도, 학교에서 공부하던 여학생도 파업에 참여했습니다.

파업에 나설 이유는 충분했습니다. 아이슬란드도 이 무렵에는 여성이 얻을 수 있는 괜찮은 일자리가 별로 없었습니다. 남성들의 명령을 받으면서 적은 임금을 받는 나쁜 일자리만 있었습니다. 같은 일을 해도 여성은 남성이 받는 월급의 60% 정도만 받았습니다. 그러면서 집안일은 대부분 여성이 떠맡아야 했습니다.

그런데 마침 국제 연합(UN)이 여성 지위 향상을 위해 1975년을 '국제 여성의 해'로 정했습니다. 아이슬란드 여성들은 모처럼 국제 여성의 해가 됐으니 여성의 권리를 쟁취하기 위해 나서야겠다고 생각했습니다. 그래서 10월 24일을 여성이 일을 쉬는 날로 정했습니다. 이날 모든 여성이 일손을 놓고 거리에 나와 불평등 해결을 요구하자고 선전했습니다.

드디어 10월 24일이 됐습니다. 아이슬란드 여성 중 무려 90%가 여성 총파업에 동참했습니다! 가정주부인 여성과 여성 노동자, 여학생 들이 거리로 나왔습니다. 엄마들은 가사 노동을 멈추고 남편에게 아이를 맡긴 채 거리로 나왔습니다. 여성 노동자들이 출근

하지 않은 공장은 일을 멈춰야 했습니다. 여성 교사가 많은 학교와 유치원도 문을 닫아야 했고, 커다란 상점도 물건값을 계산할 사람이 없어 문을 닫을 수밖에 없었습니다. 파업에 참여한 여성들은 거리로 나와 여성의 권리를 외쳤습니다. 그제야 아이슬란드 남성들도 새삼 절실히 느꼈습니다. 여성이 없으면 세상이 돌아갈 수 없다는 사실을 말입니다.

물론 한 번의 파업으로 모든 게 다 바뀔 수는 없었습니다. 하지만 아이슬란드는 다른 어떤 나라보다 먼저 성별 불평등을 해결하려는 노력을 시작했습니다. 그리고 바로 다음 해인 1976년에 여성과 남성의 동등한 권리를 보장하는 법률을 통과시켰고, 다시 4년 뒤에는 여성을 대통령으로 뽑았습니다. 아이슬란드 여성들이 총파업에 나서지 않았다면 세계 최초로 이런 일들을 이루기 힘들었을 것입니다.

아이슬란드 여성들은 그 이후에도 매년 10월 24일마다 '여성이 쉬는 날'을 반복하고 있습니다. 아직 불평등을 해결하려면 갈 길이 멀다고 생각하기 때문입니다. 재미있는 것은 일손을 놓는 시간을 조금씩 바꾸고 있다는 사실입니다.

1975년에는 오후 2시 5분에 모든 여성이 일을 중단했고,

2005년에는 오후 2시 8분에 파업을 시작했습니다. 그렇게 해마다 몇 분씩 늦게 파업을 시작하여, 2016년에는 2시 38분에 다들 일손을 놓았습니다. 여성의 권리가 그렇게 몇 분만큼만 조금씩 개선되고 있음을 상징한다고 합니다. 여성 차별과 억압이 사라지는 때가 오면, 이날에 여성들도 남성들처럼 5시에 일을 끝마치면서 '여성이 쉬는 날'도 사라지겠지요.

아이슬란드 여성들, 정말 굉장하지 않나요? 그렇게 모두 팔 벗고 나선 역사가 있으니, 수천 년 된 불평등도 언젠가는 반드시 없앨 수 있을 것입니다. 우리나라에도 이런 여성 정치가 절실히 필요합니다. 먼저 '여성이 쉬는 날'을 함께 만들면 어떨까요? 민주 공화국을 지키려고 수백만 명씩 촛불을 들고 거리에 나섰던 나라였으니, 여성 총파업도 충분히 가능하지 않을까요?

> **생각 더하기**
>
> 우리나라에서 여성이 겪는 가장 심각한 문제는 무엇일까요? 이 문제를 정치를 통해 해결하려면 어떤 노력이 필요할까요? 대한민국 국회나 내가 사는 곳의 지방의회에 여성 의원이 몇 명이나 있는지 조사해 보고, 이 여성 의원들이 하는 일도 알아봅시다.

15 시민이 만들어 가는 평화로운 국제 정치

나라와 나라 사이의 정치

정치는 한 나라 안에만 머물지 않습니다. '국제 정치'라는 말이 있습니다. 나라와 나라가 맺는 관계, 여러 나라가 함께 벌이는 행동, 수많은 나라에 걸쳐 이뤄지는 시민들의 정치 등을 모두 국제 정치라 합니다.

우리한테 가장 익숙한 국제 정치라면 아마 남한과 북한 사이에 벌어지는 여러 일일 것입니다. 두 나라 사이에는 같은 말을 쓰는 같은 민족인데도 정말 골치 아픈 일들이 많습니다. 하기야 수십 년 전에 전쟁까지 벌어졌으니까요. 이제라도 평화를 정착시켜 결코 전쟁이 다시 일어나지 않게 만들어야 하겠습니다.

그런데 북한과 벌이는 국제 정치만 어려운 게 아닙니다. 우리나라 주위에는 가까운 이웃인데도 서로 관계가 좋다고만 할 수는 없는 나라들이 있습니다. 특히 일본이 그렇습니다.

우리나라 사람치고 일본 역사 이야기를 하면서 마음이 착잡해지지 않는 이는 없을 것입니다. 멀리 거슬러 올라갈 것도 없이, 일본 침략자들에게 35년이나 지배당한 것이 겨우 100년 전의 일이기 때문입니다. 그런데도 일본 정부는 이런 침략의 역사를 제대로 진지하게 반성하지 않습니다. 그러니 일본에 대한 우리나라 사람들의 감정이 좋을 리가 없습니다.

그러고 보면 대한민국과 일본 사이의 국제 정치는 늘 긴장, 대립, 충돌 같은 단어들이 맴돌 수밖에 없는 것 같습니다. 역사책을 보면 나라와 나라 사이에는 늘 이런 말들이 끊이지 않고 등장합니다. 나라 안에서 시민들이 하는 정치에는 같은 뜻을 모아 하나 되는 과정이 있지만, 나라와 나라 사이의 국제 정치는 그렇지 않습니다. 긴장과 대립이 심해지면 결국 전쟁에 이르기도 하지요. 우리나라와 일본은 오래전부터 이런 관계였습니다.

나라와 나라의 문제로만 보면 한국과 일본 사이에 언제 전쟁이 일어나도 크게 이상하지 않을 정도로 사이가 나쁘지만, 두 나라 시민들 각각을 살펴보면 이야기가 사뭇 다릅니다. 본래 정치의 주역은 국가를 이루는 시민 한 사람 한 사람입니다. 대한민국 시민들과 일본 시민들 한 명 한 명도 그저 서로를 적으로만 바라보고 있을까요?

앞에서도 말했듯이 일본의 가장 큰 문제는 우리나라를 비롯해 여러 나라를 침략했던 과거의 잘못을 제대로 사죄하지 않는 것입니다. 그런데 일본 시민들 가운데 이런 역사를 진심으로 반성하는 이들도 꽤 많습니다. 태평양 전쟁 때 일본 정부가 우리 할머니 할아버지들을 강제로 끌고 가 '위안부'로 삼거나 죽도록 일을 시켰던 사실을 앞장서서 밝혀낸 일본인들이 있습니다. 이들은 한국 시민들과 함께 일본 정부에 공식적인 사죄와 배상을 요구하기도 했습니다. 일본의 침략 역사를 고스란히 증언하는 서대문 형무소 역사관에 방문해 눈물짓는 일본 학생들도 있습니다.

일본 정부와 한국 정부만 바라보면 대립 말고는 다른 길이 없을 것 같지만, 두 나라 시민의 눈으로 바라보면 그렇지만도 않습니다. 정치의 원래 주인공인 시민들이 목소리를 낸다면, 국제 정치도 이제까지의 역사와는 다른 방향으로 발전할 가능성이 큽니다.

정부의 시각이 아닌 시민의 눈으로

그렇다면 대한민국 시민의 눈으로 일본 시민을 이해하고 함께 할 수 있는 있을 찾아보면 두 나라의 평화 공존에 도움이 될 것입니다. 그런 일 가운데 바로 평화 헌법 문제가 있습니다.

어느 나라나 헌법이 있고, 일본도 예외가 아닙니다. 그런데 일본 헌법을 특별히 '평화 헌법'이라고 합니다. 일본 헌법의 아홉 번째 내용 때문입니다. 흔히 '제9조'라고 하지요. 우리말로 쉽게 옮기면 이런 내용입니다.

1. 일본 국민은 정의와 질서가 바탕이 되는 국제 평화를 성실히 추구한다. 일본은 영원히 전쟁을 벌이거나 무력을 이용해 다른 나라를 위협하지 않는다.
2. 위의 약속을 지키기 위해 일본은 육군, 해군, 공군 등의 군대를 두지 않는다. 전쟁할 수 있는 권리가 인정되지 않는다.

어느 나라든 헌법에 '국방' 부분이 있고, "국군은 나라의 안전 보장과 국토방위의 신성한 의무를 수행해야 한다."는 등의 내용이 들어 있습니다. 그런데 일본 헌법에는 "군대를 두지 않는다."고 명

시되어 있습니다. 어떻게 된 일일까요?

　여러분도 잘 알다시피 일본은 이 헌법을 만들기 전에 막강한 군대를 이끌고 아시아의 여러 나라를 침략했습니다. 그 첫 번째 희생양이 바로 우리나라였지요. 곧이어 일본은 중국과 동남아시아 여러 나라를 못살게 굴었습니다. 그러다 독일·이탈리아와 손을 잡고서는 미국·소련을 중심으로 한 연합국과 제2차 세계 대전을 벌였고, 결국은 1945년 8월 15일에 항복하고 말았습니다.

이때 많은 일본 사람들이 그동안 자기 나라가 한 짓을 돌아보게 됐습니다. 그때까지 일본 사람들은 "우리가 남을 먼저 침략해야 남이 우리를 침략하지 않는다."고 생각했습니다. 엄청나게 큰 군대를 앞세워 침략 전쟁을 벌여야 평화를 지킬 수 있다는 괴상한 생각을 했던 거지요.

하지만 전쟁에서 크게 패배하자 일본 사람들은 이런 그릇된 생각에서 깨어났습니다. 전쟁을 그만두고 군대 키우는 일을 포기해야 평화가 온다는 것을 깨달았지요. 이 깨달음을 모든 일본 사람의 약속으로 남긴 게 바로 헌법 제9조입니다. 일본 사람들은 전쟁을 일으킨 데 책임을 지고 반성하는 마음으로 이 헌법을 유지해 왔지요.

그런데 안 좋은 소식이 있습니다. 지금 일본에서 권력을 쥔 이들이 헌법 제9조를 바꾸려 하고 있습니다. 평화 헌법을 없애고, 다른 나라들처럼 일본도 군대를 두고 전쟁도 할 수 있어야 한다고 주장합니다. 그들이 쓰는 표현으로는 이것이 '정상 국가'로 돌아가는 길이라고 합니다.

사실 이미 오래전부터 헌법 제9조를 바꾸길 원한 사람들이 많이 있었습니다. 일본이 예전에 우리나라나 중국을 침략하던 시절과 같은 군사 대국으로 되돌아가길 원한 사람들이었습니다.

그러나 평화 헌법을 절대 바꿔서는 안 된다는 사람들도 많습니다. 이들은 기회가 있을 때마다 거리에 나가 싸우거나 파업을 벌이며 평화 헌법을 꼭 지켜야 한다고 외쳤습니다. 그렇게 70년 넘게 싸워 온 덕분에 일본 헌법 제9조가 아직 없어지지 않고 살아 있습니다. 그리고 지금도 여러 뜻있는 이가 일본 안에서 평화 헌법을 지키려고 노력하고 있습니다.

평화를 지키는 동아시아 시민의 정치

평화 헌법을 지키는 일은 일본 시민들만의 숙제가 아닙니다. 이는 대한민국 시민들에게 큰 영향을 미치는 일이기도 합니다. 일본에서 헌법 제9조가 결국 사라진다면, 일본을 다시 군사 대국으로 만들려는 이들이 기세를 잡게 될 것입니다. 그러면 우리나라뿐만 아니라 동아시아와 온 세계의 평화가 위협받게 됩니다. 일본의 깨어 있는 시민들이 짊어진 과제가 우리의 과제이기도 한 이유가 여기에 있습니다.

우리는 무엇을 할 수 있을까요? 가장 좋은 방법은 일본 평화 헌법이 담고 있는 좋은 의미를 일본만이 아닌 세계 전체로 퍼뜨리는 것 아닐까요? 우리나라와 북한, 중국, 러시아 같은 주변 나라들이 점차 군대와 무기를 늘리는데 일본만 평화 헌법을 지키라고 한다면, 일본 안에서 평화를 위해 싸우는 시민들이 목소리를 내기 힘들 것입니다. 반면에 우리나라와 중국에도 군대와 무기를 줄이자고 외치는 시민들이 있다면, 일본 안에서 평화 헌법을 지키려는 이들의 목소리가 더욱 힘을 받을 것입니다.

 사실 평화는 온 세계의 급박한 과제입니다. 군대와 무기, 전쟁

에 쓰는 돈을 하루빨리 가난한 이들의 삶을 개선하는 데 써야 합니다. 기후 위기를 해결하는 데 써야 하고요. 지금부터 시작해도 힘과 시간이 부족합니다. 그런데도 강대국들은 전함과 전투기, 미사일에 더욱더 많은 돈을 쏟아붓고 있습니다. 온 인류를 몇 번이나 파멸시킬 수 있을 정도로 많은 핵무기 역시 언제 폐기될지 알 수 없는 상태입니다.

　이제는 뜻있는 일본 시민들만 평화 헌법을 지키려고 노력할 게

아니라, 한국이나 중국을 포함한 온 나라의 시민들도 자기 나라를 평화 국가로 만들려고 노력해야 합니다. 각자가 자기 나라 시민일 뿐만 아니라 하나의 지구에서 함께 살아가는 시민이기도 하다고 생각하면, 이는 불가능한 꿈만은 아닐 것입니다. 우리가 그 사실을 깨닫는 순간, 각 나라의 정부만이 아니라 시민들 자신이 주인공이 되는 세계 평화 정치가 펼쳐질 것입니다. 그럴 때 비로소 전쟁 없는 세상이 열리겠지요.

생각 더하기

기후 위기 대책이나 미세 먼지 줄이기, 코로나바이러스 같은 전염병에 대처하는 일처럼 한 국가 안의 정치만으로는 풀 수 없는 문제로는 또 무엇이 있는지 생각해 봅시다. 국경을 넘는 정치를 통해 이런 문제들을 어디서부터 어떻게 풀어 갈 수 있을지도 이야기 나누어 봅시다.

16 | 기후 위기 해결을 외치며 거리에 나선 청소년들

기후 변화, 눈앞에 다가온 대재앙

최근 몇 년 사이 여름마다 불볕더위에 시달리는 일이 잦아졌습니다. 낮에는 기온이 40도 가까이 오르고, 밤에도 에어컨을 안 켜면 잠들기 힘들 정도입니다. 이런 더위가 거의 두 달이나 계속되지요. 2018년에는 우리나라에서 기상 관측을 한 이래 가장 더운 여름을 맞기도 했고요.

그런데 우리나라만 더워진 게 아닙니다. 지구 북반구에 있는 모든 나라가 다 타는 듯 더운 여름을 보내고 있습니다. 과학자들은 이게 다 기후 변화 때문이라고 합니다. 지구의 평균 기온이 계속 오르고 있고, 특히 2천 년대에 들어서면서 이 속도가 점점 빨라졌다고 합니다. 게다가 앞으로는 더욱 가속도가 붙을 거라고도 하고요. 그렇게 되면 전에는 생각지도 못했던 일들이 벌어질 것입니다.

이미 우리나라는 온대 기후가 아니라 아열대 기후로 바뀌고 있습니다. 그렇다고 겨울이 없어진 게 아니라, 오히려 겨울은 더 추워지고 있습니다. 2018년 여름에 최악의 더위가 찾아오기 몇 달 전인 겨울에는 엄청난 추위가 지나갔습니다. 영하 10도 아래로 떨어지는 날씨가 오랫동안 계속됐지요. 여름은 더 더워지고 겨울은 더 추워지는 것입니다. 게다가 북극의 얼음이 녹아 바닷물 높이가 높아진 탓에, 바닷가 도시나 몰디브, 투발루 같은 섬나라 여러 곳이 서서히 물에 잠기고 있답니다.

실은 이미 재앙이 시작되었습니다. 2019년 여름, 호주에서는 산불이 몇 달 동안이나 꺼지지 않고 계속됐습니다. 우주에서 인공위성이 지구 사진을 찍었더니, 호주 대륙이 온통 불에 뒤덮인 채로 나올 정도였습니다. 마치 불지옥이 열린 것 같은 모습이었지요. 그런가 하면 호주의 대표적 동물인 코알라들이 산불에 희생되거나 목숨만 겨우 건진 채 구조되는 장면도 계속 신문이나 텔레비전에 나왔습니다.

호주에 왜 이렇게 커다란 산불이 나서 꺼질 줄 모르고 이어졌을까요? 역시 근본적인 원인은 기후 위기에 있다고 합니다. 전에도 호주에서는 여름마다 산불이 나곤 했습니다. 우리는 여름에 비가 많이 오고 습한데, 호주는 여름에 비가 잘 오지 않아 건조합니다. 온도는 높은데 건조하니까 산불이 자주 날 수밖에 없지요. 거기다 여름 기온이 점점 더 올라가다 보니, 산불이 한번 나면 좀처럼 끄기 힘들어지는 것입니다. 호주뿐만 아니라 미국, 남미 아마존, 유럽, 심지어 시베리아까지 전 세계 곳곳에서 끊임없이 초대형 산불이 일어나고 있습니다.

기후 변화는 인간이 화석 연료를 남용한 탓

더 끔찍한 것은 호주 산불로 인해 엄청난 양의 이산화탄소가 지구에 배출되었다는 사실입니다. 이게 왜 끔찍한 일이냐고요? 기후 변화가 바로 인간이 화석 연료를 너무 많이 쓰는 바람에 대기 중에 이산화탄소가 많아져서 생긴 현상이기 때문입니다. 기후 변화 때문에 이토록 엄청난 산불이 일어났는데, 다시 산불이 기후 변화를 더 악화시키는 것이지요.

인간은 200여 년 전부터 공장을 짓고 기계를 돌려 물건을 만들기 시작했습니다. 그래서 과거보다 훨씬 풍족한 세상을 열었습니다. 공장 주인들은 떼돈을 벌기도 했지요. 하지만 기계는 저 혼자 돌아갈 수 없습니다. 기계를 돌릴 힘이 필요하지요. 이제까지 그런 힘은 모두 석탄이나 석유를 태워 만들었습니다.

석탄이나 석유를 태우면 이산화탄소가 엄청나게 나옵니다. 200여 년 동안 그렇게 발생하여 지구 대기를 채우게 된 이산화탄소량이 어마어마합니다. 과학자들은 바로 이 이산화탄소 때문에 지구가 뜨거워지고 있다고 이야기합니다. 대기 중에 이산화탄소가 많아질수록 우주로 열을 방출하지 못하고 대기 안에 가둬 놓는데, 이것을 '온실 효과'라고 합니다. 마치 온실이 열을 품어 계속 더운 것처럼 지구도 점점 뜨거워진다는 것입니다. 인간이 석탄, 석유를 마구 사용한 지난 200여 년 동안, 지구의 기온은 꾸준히 높아졌습니다.

기후 변화로 더워지기만 하는 게 아닙니다. 온도가 높아져 북극의 빙하가 녹으면 북극의 차가운 공기가 남쪽으로 더 많이 내려와, 겨울은 오히려 예전보다 더 추워지기도 합니다. 더위도 심해지고 추위도 심해지는 셈입니다. 더불어 가뭄이나 태풍, 홍수 같은 자연재해도 잦아지고 있습니다.

이렇게 급격한 기후 변화와 여기서 비롯된 각종 재난은 모두 인간이 만들어 낸 결과입니다. 기후 변화는 가속이 붙어 엄청난 재앙으로 이어지고 있습니다. 이제 인간에게 기후 위기를 되돌릴 시간이 거의 없지만, 우리나라를 비롯해 여러 나라의 정부들은 기후 변화를 막으려는 노력을 제대로 하지 않습니다. 이유가 뭘까요? 석탄이나 석유를 이용해 돈을 버는 기업이나 부자들이 앞으로도 계속 이산화탄소를 마구 내뿜으며 편히 돈을 벌길 바라기 때문입니다.

또한 오랫동안 쌓인 습관에서 벗어나고 싶지 않은 수많은 어른들도 기후 변화 해결을 진지하게 고민하지 않습니다. 이대로 가다가는 이 책을 읽는 여러분이 어른이 될 무렵에는 기후 재앙이 지구 전체를 뒤덮어 더 이상 손쓸 수 없는 상황이 될 게 뻔한데도 말입니다.

기후가 바뀌지 않도록 세상을 바꾸자!

지금이라도 더 늦기 전에 기후 변화를 막아야만 합니다. 적어도 기후 변화 속도를 늦추려는 노력이 있어야 합니다. 그러자면 지난 200여 년 동안 인간이 살아왔던 방식에 대해 다시 생각해 봐야 합니다. 이제 석탄, 석유를 마음껏 펑펑 써서 기계를 돌리는 대신 다른 방식을 찾아야 합니다. 태양빛이나 바람을 이용하는 등 지구 환경에 해를 끼치지 않는 에너지 자원을 더 열심히 개발해야 합니다. 나아가 공장을 무조건 많이 지어 더 많은 물건을 만들어 내야 풍족해진다는 생각도 고쳐야 합니다. 무엇이 좋은 삶인지 처음부터 다시 생각해 봐야 합니다.

하지만 어른들, 특히 힘 있고 돈 많은 어른들일수록 우리 삶을 바꾸려는 노력에 등을 돌리고 있습니다. 오히려 모른 척하거나 방해하려 듭니다. 하지만 기후 위기는 눈앞에 현실로 다가왔습니다. 가난하고 힘없는 이들에게 더 큰 피해를 안겨 주는 기후 재앙을 어떻게 해결해야 할까요?

기후 위기를 해결하는 데도 정치의 힘이 필요합니다. 세계 여러 나라에서는 환경 보호와 생태주의를 중요시하는 정당들이 생겨나 기후 위기를 해결하고자 목소리를 높여 왔습니다. 여러 환경 단체들이 힘을 모아 기후 변화 해결을 위한 대안을 마련하고, 정부와 기업에 압력을 넣기도 합니다. 또 요즘에는 기후 위기를 해결하라는 어린이 청소년들의 목소리도 높아지고 있습니다. 어린이 청소년들이야말로 더 오랫동안 지구에서 살아가며 기후 변화

의 피해를 고스란히 감당해야 하니까요.

처음에는 스웨덴의 한 중학생이 목소리를 내기 시작했습니다. 바로 '그레타 툰베리'라는 학생입니다. 그레타 툰베리는 '기후를 위한 학교 파업'이라고 적힌 팻말을 들고 스웨덴 국회 앞에서 1인 시위를 했습니다. 처음에는 국회의원 선거가 열릴 때까지 매일 나와서 시위를 했습니다. 그러자 사람들이 점점 환경 문제에 귀를 기울이기 시작했습니다.

이후 그레타 툰베리는 매주 금요일마다 학교를 쉬고 시위를 하면서, 온 세계 모든 어린이 청소년들에게 금요일마다 거리에서 함께 목소리를 내자고 제안했습니다. 이 시위에 세계 곳곳의 수백만 학생들이 참여하면서, 각 나라 정부에 기후 변화 대책을 요구하는 '미래를 위한 금요일' 운동이 이어졌습니다.

한국에도 '청소년 기후 행동'이 이 운동에 함께하면서 활발하게 움직이고 있습니다. 학교 결석 시위를 벌이고, 국민 청원과 헌법 소원을 통해 정부에 기후 변화 해결을 요구하거나 선언문을 발표하기도 합니다. 선거에서는 후보들의 기후 위기 대책 공약을 검증하는 일도 하고요.

지금도 전 세계 곳곳에서 여러분의 친구들이 "기후 변화를 막기 위해 세상을 변화시키자."고 외치고 있습니다. 여러분도 "기후가 바뀌기 전에 세상을 바꾸자."고 함께 외쳐 보면 어떨까요?

생각 더하기

지금의 어린이들이 어른이 되었을 때는 기후 변화가 얼마나 더 심각해져 있을까요? 최악의 상황을 막기 위해 우리가 당장 할 수 있는 일이 있을까요? 어른들이 기후 변화를 더욱 심각하게 느끼고 행동에 나서도록 만들려면 어떤 노력이 필요할지 토론해 봅시다.

17 | 과학 기술 발전을 결정하는 것도 시민의 몫

과학 기술이 발전하면 모두 행복해질까?

요즘 '4차 산업 혁명'이란 말을 많이 합니다. '인공 지능'이란 말도 있습니다. 컴퓨터가 이제는 인간보다 더 똑똑해진다고 합니다. 스스로 공부할 줄도 안다고 합니다. 인간 세상의 과학 기술이 또 한 번 크게 발전하려나 봅니다. 지금 초등학교에 다니는 친구들이 어른이 될 때쯤이면 세상이 어떻게 바뀌어 있을지 상상이 안 됩니다.

한데 이런 생각도 한 번쯤 해 봤으면 좋겠습니다. 과연 과학 기술의 발전은 좋은 점만 있을까요? 과학 기술이 발전하면 세상이 반드시 더 행복해지고 지혜로워질까요? 과거에는 과학 기술이 발전하면 무조건 좋기만 할 거라고 생각했습니다. 하지만 컴퓨터와 로봇이 슬금슬금 인간의 자리를 넘보는 지금, 이런 오래된 상식에 질문을 던져 봐야 할 것 같습니다.

이반 일리치라는 사상가가 바로 그런 질문을 던진 이들 중 한 사람입니다. 원래는 가톨릭교회의 신부였지만, 교회를 거침없이 비판하며 교황청과 맞서다가 스스로 사제직을 내려놓기도 했지요. 이반 일리치는 남들이 다 좋게만 생각하는 일에 의문을 던지길 좋아했습니다. "과학 기술이 끝없이 발전하는 게 바람직한가?"라는 물음에도 이반 일리치는 고개를 갸우뚱했습니다. 도대체 왜 이반 일리치는 과학 기술 발전이 꼭 좋기만 한 일은 아니라고 했을까요?

과학 기술 발전의 두 번째 물결

이반 일리치는 과학 기술 발전은 항상 두 차례의 커다란 물결로 나타난다고 봤습니다. 매일 조금씩 발전하는 게 아니라 파도가 몰아치듯 한꺼번에 발전한다는 것입니다. 그리고 과학 기술 발전의 파도는 늘 두 번 몰아치는데, 첫 번째 파도와 두 번째 파도가 인간 세상에 끼치는 영향이 전혀 다르다고 했습니다.

예를 들면 교통을 볼까요? 교통은 두 차례에 걸쳐 크게 발전했습니다. 첫 번째 발전의 물결은 19세기 중반에 나타났습니다. 그때 기차가 처음 등장해 전 세계로 확산되기 시작했습니다. 당시는 석탄을 때는 증기 기관차였지요. 옛날 그림이나 영화에서 증기 기관차가 칙칙폭폭 요란한 소리를 내며 달리는 장면을 본 적 있겠죠?

기차가 등장하기 전만 해도 사람들은 먼 길을 걸어 다녀야 했습니다. 차를 타고 하루 종일 가야 할 길을 두 다리에만 의지해 걸어 다녔습니다. 몇 달을 꼬박 걷기만 해야 할 때도 있었습니다. 물론 말이나 마차를 타기도 했지만, 양반이나 부자 아니면 꿈도 꿀 수 없었습니다. 가난한 보통 사람들한테는 세상이 그만큼 좁고 답답했습니다.

그러나 기차가 생기면서 완전히 달라졌습니다. 직접 걷거나 말의 힘을 빌리지 않아도 먼 길을 다닐 수 있게 됐습니다. 게다가 기차는 부자만이 아니라 보통 사람들도 웬만큼 이용할 수 있었습니다. 비록 값이 비싸고 화려한 일등칸과 좁고 더러운 삼등칸이 엄격히 나뉘었지만 말이에요. 덕분에 모든 사람들의 세상이 그만큼 넓고 다채로워졌습니다.

이걸 보면 과학 기술 발전의 첫 번째 물결은 인간 세상에 이롭다고 할 수 있습니다. 그러나 두 번째 물결로 오면 이야기가 달라집니다. 교통에서 두 번째 발전의 물결은 자동차로 나타났습니다. 우리한테 익숙한, 휘발유나 석유, 가스 등으로 달리는 자동차 말입니다.

자동차는 기차와 달라 철로가 없어도 웬만한 길은 달릴 수 있습니다. 게다가 개인이 몰고 다니는 승용차는 정해진 시간에 특정 역과 역 사이만 오가는 것이 아니라, 원하는 시간에 어디나 갈 수 있습니다. 이런 점에서 기차보다 더 발전한 것처럼 보입니다. 실제로 많은 사람들이 그렇게 생각해서 20세기 중반에 자동차 시대가 열렸습니다.

하지만 과연 그만큼 사람들이 더 행복해졌을까요? 꼭 그런 것만은 아닙니다. 기차가 등장했을 때와는 달랐습니다. 너도나도 자동차를 몰고 다니게 되니 길이 자동차로 꽉 차게 됐습니다. 먼 길을 다니는 데 드는 시간이 기차보다 오히려 늘기도 했습니다. 사람들이 길에서 보내는 시간은 계속 늘어나기만 했습니다. 기차가 처음 등장했을 때만큼 세상이 넓어지지 않은 것입니다. 오히려 다들 점점 더 세상이 좁다고 느끼게 됐습니다. 교통 기술은 발전했지만, 사람들은 더 행복해지지 않았습니다.

그래서 이반 일리치는 과학 기술 발전의 첫 번째 물결은 분명 인간에게 이롭지만, 두 번째 물결부터는 무조건 좋지만은 않다고 주장했습니다. 어느 수준을 넘어서면 과학 기술이 오히려 인간을 불편하게 만들고 예전보다 더 많은 짐을 안겨 준다는 것입니다.

다시 정리해 볼까요. 과학 기술이 발전하면 처음에는 사람들이 확실히 과거보다 편리하게 살게 됩니다. 하지만 어느 정도를 넘어서면 오히려 전보다 더 불편함을 느끼게 됩니다. 심하면 과학 기술의 노예가 되기도 합니다. 이반 일리치가 예로 든 교통만이 아니라 정보 통신 기술을 봐도 그렇습니다. 컴퓨터와 인터넷이 생긴 덕분에 세상은 전보다 훨씬 편리해졌습니다. 하지만 정보 통신 기술이 더욱 발달해 사람보다 훨씬 뛰어난 인공 지능이 완성되면, 사람들은 점점 기계에게 일자리를 빼앗기고 심지어 기계에게 지배당하는 세상이 올지도 모릅니다. 정말 무서운 일 아닌가요?

시민이 함께 결정하는 과학 기술 발전

이반 일리치의 주장에 따르면, 우리는 과학 기술 발전이 어느 정도를 넘어서지 않게 적절히 조절해야 합니다. 그러나 문제는 그 '어느 정도'를 누가 어떻게 결정하느냐 하는 것입니다. 예를 들어

요즘에는 사람이 운전하지 않아도 스스로 알아서 움직이는 자동차가 개발되고 있습니다. 바로 '자율 주행 기술'이라고 하지요. 어쩌면 몇 년 뒤에는 다들 컴퓨터가 운전하는 차를 타고 다닐지도 모릅니다. 참 근사하게 들리지요. 사람은 더 이상 운전대를 잡지 않아도 되고, 그 시간에 책을 읽거나 영상을 보거나 마음 놓고 전화를 해도 됩니다.

하지만 예상하지 못한 부작용이 있을 수도 있습니다. 사람은 교통사고를 일으키기도 하지만, 교통사고를 피할 수도 있습니다. 경험 많은 운전사는 다른 자동차가 불쑥 끼어들거나 갑자기 개나 고양이가 지나가면 노련하게 운전대를 돌려서 사고를 피하곤 합니다. 그런데 과연 컴퓨터로 움직이는 자동차도 급박한 순간에 그렇게 판단하여 행동할 수 있을까요?

한편으로 이런 문제도 있습니다. 운전사가 필요 없는 자동차가 많아지면 운전사들은 일자리를 잃게 되겠지요. 그렇다면 운전사들이 다시 다른 일자리를 찾을 시간이 필요합니다. 사람 없이 가는 자동차가 아무리 좋은 점이 많더라도, 운전사들이 새 일을 시작할 때까지 좀 천천히 기술을 발전시켜야 하지 않을까요?

이렇듯 새로운 기술이 등장할 때마다 새로운 문제가 생겨나곤

합니다. 우리는 바로 이런 문제들을 고민하고 결정해야 하지요. 새 기술에서 문제가 될 만한 요소를 확인해 보완하면서 더 발전시키고 우리 사회에 적용할지, 아니면 인간에게 별로 이롭지 않다고 판단해서 아예 폐기해 버릴지 결정해야 합니다.

지금도 누군가 그런 결정을 내리고 있습니다. 바로 자본가들입니다. 큰 회사를 소유하고 운영하는 돈 많은 이들 말입니다. 과학 기술 연구에는 돈이 많이 드는데, 이런 큰돈을 대는 곳은 대개 큰 기업들입니다. 기업이 왜 과학 기술 개발에 돈을 댈까요? 그 기술로 돈을 벌려고 하기 때문입니다. 미국의 큰 기업들이 운전사 없이 가는 차를 개발하는 이유도 그런 차를 만들고 팔아서 돈을 벌려는 데 있습니다.

하지만 연구비를 대 주었다고 자본가들이 다 결정해도 될까요? 자동차 회사는 기본적으로 운전사 없는 자동차를 개발해 더 많은 자동차를 팔 일만 고민합니다. 거리에 운전사 없는 자동차가 다니는 바람에 교통사고가 더 늘어나지 않을지는 크게 고민하지 않습니다. 거리가 지금보다 더 많은 차로 붐비지는 않을지도 마찬가지로 관심 밖입니다. 그러니까 연구비를 많이 준다고 해서 기업이 다 결정하게 해서는 절대 안 됩니다.

그럼 누가 결정해야 할까요? 과학 기술을 개발하는 과학자나 기술자가 결정해야 할까요? 물론 과학자, 기술자들이 함께 결정해야 합니다. 하지만 이들에게만 맡겨 두어서도 절대 안 됩니다. 바로 여러분 같은 모든 시민이 참여해야 합니다. 왜냐고요? 새로운 과학 기술이 생기면, 그걸 만든 사람뿐만 아니라 세상을 살아가는 모든 사람들에게 영향을 주기 때문입니다. 운전사 없는 자동차가 생기면 운전사들도 영향을 받고, 이런 자동차와 함께 거리를 다녀야 하는 우리 모두가 영향을 받습니다. 그러니 우리 모두가 운전사 없는 자동차가 정말 필요한지 아닌지 함께 머리를 맞대고 고민하고 결정해야 합니다.

과학 기술 발전에 의문을 던진 이반 일리치는 바로 이러한 참여 민주주의, 즉 시민이 참여해 함께 토론하고 합의하는 것에서 답을 찾았습니다. 물론 시민이 참여하여 결정한다고 해서 늘 가장 올바른 답을 찾을 수 있는 것은 아닐지도 모릅니다. 하지만 권력자, 기업가들이나 몇몇 과학자들만 모여 결정할 때보다는 분명히 훨씬 더 나은 답을 찾을 수 있을 것입니다.

이미 이렇게 하고 있는 나라들이 있습니다. 덴마크에서는 전문가 대표와 시민 대표가 모여 새 과학 기술을 계속 개발할지 말지,

새로 개발된 기술을 사용할지 말지를 토론합니다. 이를 '시민 합의 회의'라고 합니다. 우리나라에서도 이런 시민 합의 회의가 열려야 합니다. 시민이 과학 기술 개발에 제 목소리를 낼 수 있어야만, 더 많은 사람들에게 이로운 방향으로 과학 기술이 발전할 수 있을 것입니다.

생각 더하기

자율 주행 기술 말고도 사회적 논란이 있는 과학 기술 분야가 꽤 많습니다. 핵무기나 핵발전, 유전자 조작 같은 기술이 그렇지요. 여러분이 마리 퀴리나 알베르트 아인슈타인 같은 위대한 과학자라고 하고, 어떤 분야의 과학 기술 발전에 찬성과 반대 입장으로 나눠 친구들과 토론해 봅시다. 그런 과학 기술을 왜 발전시켜야 하는지, 어떤 문제가 있으므로 그 점을 보완하거나 또는 그 기술이 더는 발전되지 않도록 막아야 하는지 깊이 생각하며 이야기 나누어 봅시다.

12 일터에서도 우리는 시민이다!

일터의 민주주의

지금까지 '시민'이란 말을 많이 썼습니다. 시민이란 정치하는 사람이라는 뜻이라고 했지요. 우리는 흔히 정치를 직업으로 삼는 사람들만 정치를 한다고 생각하지만, 그게 아니라고도 했습니다. 민주주의에서 정치는 시민 모두가 하는 것입니다. 가장 중요한 결정은 어디까지나 시민들이 내립니다. 직업 정치가는 단지 이 결정을 실행하는 사람일 뿐입니다.

인류 문명이 여기까지 오는 데 정말 오랜 시간이 걸렸습니다. 우리 역사도 마찬가지입니다. 수천 년 동안 정치는 몇몇 사람들끼리만 하는 일이었습니다. '하늘의 아들'이라 주장하는 영웅이나 싸움 잘 하는 귀족들, 한문을 잘 알아서 과거 시험에 합격한 양반들만 하는 일이었지요. 우리 조상들은 이런 질서를 뒤집으려고 목숨 걸고 싸웠습니다. 그래서 마침내 세운 나라가 대한민국이고, 대한민국은 당당한 민주 공화국이 되었습니다. 우리 모두는 대한민국 시민이고, 따라서 우리 한 사람 한 사람이 다 정치의 주인공입니다.

그런데 이걸로 이야기가 끝이 아닙니다. 민주주의는 아직도 다 완성되지 못했습니다. 왜 그럴까요? 지금까지 세계 곳곳에서 보통 사람들이 온갖 노력 끝에 시민의 자격을 획득했습니다. 그런데 여기에는 엄격한 제한 조건이 따라 붙습니다. '언제 어디서든' 모두가 다 시민은 아니라는 것입니다. 우리가 시민의 권리를 자유롭게 행사할 수 있는 때와 장소가 정해져 있습니다. 그렇지 않은 때와 장소에서 우리는 여전히 시민이 아닙니다. 이게 무슨 이야기냐고요?

4년마다 돌아오는 국회의원 선거가 있습니다. 이때 투표장 안에서 모든 대한민국 사람은 분명히 시민입니다. 만 18살만 되면 누구나 투표를 할 수 있고, 국회의원이 되고 싶은 사람은 후보로 출마할 수 있습니다. 이것만 보면 우리나라는 민주주의가 맞고,

우리는 다 시민임에 틀림없습니다.

그러나 보통 사람들이 하루하루를 살아가며 더 익숙하게 느끼는 장소로 가 볼까요? 이를테면 대한민국 사람의 대부분은 노동자입니다. 바로 일하는 시민입니다. 휴일을 빼면 매일 공장이나 사무실에 나가 일합니다. 그런데 과연 이런 일터에서도 우리는 시민일까요? 일터에서도 시민이라면, 회사 안에서도 민주주의가 실현돼야 합니다. 중요한 일이 생기면 공장과 사무실에서 일하는 사람들이 모두 함께 결정을 내려야 합니다.

하지만 회사에서 중요한 결정을 내리는 사람들은 따로 있습니다. 회장님, 사장님처럼 높은 직급의 사람들이 결정을 내립니다. 흔히 '자본가'라 불리는 사람들이지요. 이 사람들은 대통령이나 국회의원과는 달리 노동자들이 투표하여 뽑은 이들이 아닙니다. 노동자들은 공장이나 사무실에서 실제로 일을 하여 회사를 움직이는 사람들이지만, 대부분 회사를 어떻게 끌고 갈지 결정 내리는 데는 참여할 수 없습니다. 그런 결정을 내리는 사람들을 투표로 뽑을 권리도 없습니다. 노동자들에게는 그런 권리가 거의 없고, 단지 높은 직급의 사람들이 내리는 결정을 따를 의무만 있습니다.

다시 말하면 대다수 보통 사람들은 일터에서는 제대로 시민의 자격을 갖고 있지 못합니다. 자기 삶에 큰 영향을 끼치는 여러 결정에 참가해 제 목소리를 낼 권리가 없습니다. 그런데 공장, 사무실 같은 일터는 보통 사람들의 삶에서 아주 큰 부분을 차지합니다. 거의 매일 일터에 나가 많은 시간을 보내며, 또 거기에서 받은 돈으로 살아가니까요. 그런데도 일터는 지금도 민주주의와 거리가 멉니다. 살아가면서 시민인 경우보다는 시민이 아닌 경우가 훨씬 더 많은 것입니다. 달리 말하면, 우리는 여전히 '완전한' 시민이라 할 수 없습니다!

우리는 여전히 완전한 시민이 아니다

어떤 이들은 이런 상황을 어쩔 수 없는 일이라고 합니다. 공장이나 사무실 바깥에서는 민주주의를 할 수 있지만, 안에서는 그럴 수 없다고 합니다. 노동자들이 함께 결정을 내리거나 회장이나 사장 같은 결정자를 노동자들이 뽑았다가는 회사가 망한다고 합니다. 과연 그럴까요?

그렇지 않음을 증명하는 사례가 있습니다. 스페인에 몬드라곤이라는 기업이 있습니다. 정확히 말하면 '몬드라곤 그룹'입니다. 한 개의 기업이 아니라 무려 250개가 넘는 기업이 모인 그룹이고,

여기서 일하는 사람은 7만 명이 넘습니다. 이 그룹에서 생산하는 제품도 아주 다양합니다. 가전제품도 생산하고, 공장에서 쓰는 거대한 기계도 만듭니다. 게다가 매장 수백 개를 거느린 대형 마트도 운영하고, 그룹 안에 은행도 따로 있습니다.

우리나라에도 여러 회사가 모인 그룹이 있습니다. 흔히 '재벌 그룹'이라 하지요. 재벌 집안이 여러 회사를 그룹으로 묶어 모조리 자기 재산인 것처럼 마음대로 다루기 때문입니다. 그런데 몬드라곤 그룹은 전혀 다릅니다. '재벌 그룹'이 아니라 '노동자 그룹'입니다. '몬드라곤'이라는 이름으로 모인 250여 개 회사의 주인은 바로 노동자입니다. 회사를 어떻게 운영할지를 노동자들이 결정합니다. 회장과 사장 등의 결정권자도 노동자들이 투표하여 뽑습니다. 몬드라곤 그룹에서 일하는 시민들은 일터에서도 시민인 것입니다.

이렇게 해도 몬드라곤 그룹은 잘 운영됩니다. 공장과 사무실 안으로 민주주의를 불러들였지만, 결코 망하지 않았습니다. 망하기는커녕 해마다 점점 더 번창하고 있습니다. 60년도 더 전인 1956년에 창립했는데, 지금도 계속 일자리를 늘리며 끊임없이 새로운 제품을 내놓고 있습니다. 몬드라곤 사례를 통해서 우리는 일터에서도 민주주의를 충분히 실현할 수 있다는 사실을 확인할 수 있습니다. 스페인의 몬드라곤에서 가능한 일이라면 한국에서도 가능하지 않을까요?

만약 이 세상의 많은 기업들이 몬드라곤처럼 바뀐다면, 세상은 어떻게 달라질까요? 아마도 이 책 앞부분에서 말한 우리 사회의 많은 숙제들이 빠른 속도로 풀릴 것입니다. 회사를 어떻게 운영할지를 노동자들이 참여해 정한다면, 노동자 자신을 기계의 노예로 만드는 결정을 내리지는 않을 것입니다. 노동 시간을 더 늘려 노동자를 압박하기보다는 새로운 노동자를 더 뽑아 일거리를 나누려 할 것입니다. 또한 에너지를 절약하고 태양광이나 풍력 같은 새로운 에너지를 개발하는 데 더 관심을 쏟을 것입니다. 기후 변화에 대응하는 일은 일하는 시민들과 그 가족 모두의 생존이 걸린 문제니까요.

너무 이상적인 생각 아니냐고요? 하지만 과거에도 비슷한 변화가 있었습니다. 노동자와 여성이 자신들도 정치에 참여하겠다고 하자, 그때까지 권력을 독차지하던 사람들은 이렇게 대꾸했습니다. "그렇게 되면 세상은 더 혼란해질 것입니다. 당신들이 정치에 대해 뭘 안단 말이오." 그러나 현실은 정반대였습니다. 노동자와 여성도 투표할 수 있게 되자 세상은 전보다 나아졌습니다. 나라가 돈 많은 소수만이 아닌, 다수의 보통 사람들을 위해 하는 일이 많아졌습니다.

일하는 사람들이 일터에서 드디어 시민의 자격을 갖추게 될 때에도 아마 비슷한 방향에서 커다란 변화가 일어날 것입니다. 공장과 사무실 안으로까지 민주주의가 확대된다면, 세상은 분명 전보다 훨씬 더 나아질 것입니다. 여성 억압과 환경 파괴, 과학 기술을 둘러싼, 이제껏 풀리지 않고 쌓여 온 여러 문제가 제대로 풀리기 시작할 것입니다.

민주주의의 다음 과제는 일하는 사람들이 주인인 일터

일하는 사람들이 주인인 일터를 만드는 것은 21세기 정치의 최대 과제입니다. 2008년에 세계 경제에 커다란 위기가 닥친 뒤에, 세계 곳곳에서 점점 더 많은 시민들이 이 문제에 관심을 갖게 되었습니다. 당시 경제 위기의 책임은 순전히 소수의 부자들에게 있었습니다. 집을 사고파는 부동산 시장을 부자들이 돈을 버는 투기판으로 만들었다가 이 투기판이 엎어지고 말았습니다. 그러면서 미국과 유럽 여러 나라 은행들이 망하고 덩달아 많은 기업들도 흔

들렸습니다. 그러자 이들 기업은 수많은 노동자를 해고했습니다. 노동자들은 아무 죄도 없이 갑자기 일자리를 잃고 가난에 신음해야 했지요.

유럽에서, 아시아에서, 아메리카에서 수많은 이가 이 광경을 보며 잠에서 깨어났습니다. 무엇보다도 이제까지 정치가 잘못되어 왔음을 절감했습니다. 그간 선거에서 잘나간다는 정당들은 대부분 부자를 위하거나 아니면 부자 눈치를 보는 정당들이었습니다. 많은 이가 이런 정당들이 마음에 안 든다며 아예 투표를 하지 않았습니다. 그 결과는 바로 소수 부자들의 잘못을 다수의 시민들이 뒤집어쓰는, 말도 안 되는 세상이었습니다. 긴 잠에서 깨어난 시민들은 다시 한번 '정치'를 자기 것으로 되찾아야겠다고 결심했습니다. 부자와 권력자들이 제 맘대로 하는 세상이 된 것은, 그간 정치에 관심을 기울이지 않거나 남의 것인 양 내버려 둔 탓임을 깨달았기 때문입니다.

지금도 지구 곳곳에서는 이렇게 각성한 시민들의 노력이 계속되고 있습니다. 이 책을 읽는 여러분이 사회에 첫 발을 디딜 때에도 이러한 노력은 뜨겁게 이어지고 있을 것입니다. 그래서 마침내는 일터로까지 민주주의가 확대되는 세상을 향해 나아가고 말 것입니다.

　여러분은 이런 벅찬 과제를 풀어 나갈 주인공이 될 수 있습니다. 아니, 되어야만 합니다. 여러분은 인류 역사상 가장 깊은 지혜와 다양한 경험, 풍부한 능력으로 무장한 21세기 대한민국 – 동아시아-지구 '시민'이기 때문입니다. 여러분의 건승을 빕니다.

> **생각 더하기**
>
> 지금 우리의 민주주의는 과연 완전한 것일까요? 완전하지 못하다면, 민주주의가 더욱 발전하고 강화돼야 할 영역이나 문제로는 무엇이 있을까요? 그렇게 민주주의를 더욱 키우기 위해 우리가 앞으로 살아가면서 어떤 일들을 해야 할지도 이야기해 봅시다.

어린이를 위한 민주 시민 교육

초판 1쇄 2022년 3월 15일 | **초판 3쇄** 2024년 5월 9일

글 장석준 | **그림** 김홍모
펴낸이 양정수 | **편집 진행** 최현경, 윤수지 | **디자인 진행** 구민재page9 | **디자인** 추진우 | **마케팅** 양준혁
펴낸곳 노란상상 | **등록** 등록 2010년 1월 8일 (제2010-000027호)
주소 서울시 영등포구 양평로 157, 1703호
전화 02-797-5713(영업부), 02-2654-5713(편집부) | **팩스** 02-797-5714
전자우편 yyjune3@hanmail.net

ISBN 979-11-91667-43-1 73300

ⓒ 장석준, 김홍모 2022

※ 책값은 뒤표지에 있습니다.

공급자 적합성 확인
제품명 : 노란상상 교양 | 제조자명 : 노란상상
제조국명 : 대한민국 | 전화번호 : 02-797-5713
주소 : 서울시 영등포구 양평로 157, 1703호
제조년월 : 2024년 5월 9일 | 사용 연령: 10세 이상

※ KC 마크는 이 제품이 공통 안전 기준에 적합하였음을 의미합니다.
※ 책의 모서리가 날카로워 다칠 수 있으니 던지거나 떨어뜨려 다치지 않도록 주의하세요.